Eliana Marcello De Felice

A afirmação da individualidade

Puberdade e adolescência

O mundo psicológico de seu filho

Volume 4

EDITORA
IDEIAS &
LETRAS

DIREÇÃO EDITORIAL:
Marcelo C. Araújo

EDITOR:
Avelino Grassi

COORDENAÇÃO EDITORIAL:
Ana Lúcia de Castro Leite

COPIDESQUE:
Camila de Castro Sanches dos Santos

REVISÃO:
Benedita Cristina G. N. da Silva
Leila Cristina Dinis Fernandes

PROJETO GRÁFICO:
Junior dos Santos

© Ideias & Letras, 2013

EDITORA **IDEIAS & LETRAS**

Rua Diana, 592, Conj. 121, 12º andar
Perdizes – São Paulo-SP
CEP 05019-000
Tel. (11) 3675-1319
vendas@ideiaseletras.com.br
www.ideiaseletras.com.br

Dados Internacionais de Catalogação na Publicação (CIP)
(Câmara Brasileira do Livro, SP, Brasil)

De Felice, Eliana Marcello
A afirmação da individualidade: puberdade e adolescência / Eliana Marcello De Felice. - São Paulo: Ideias & Letras, 2013. - (Coleção O mundo psicológico de seu filho; 4)

ISBN 978-85-65893-39-8

1. Adolescência 2. Pais e filhos 3. Psicologia do adolescente 4. Psicologia do desenvolvimento 5. Puberdade 6. Sexualidade I. Título. II. Série.

13-04887   CDD-155

Índices para catálogo sistemático:

1. Filhos e pais: Relacionamento: Psicologia do desenvolvimento 155
2. Pais e filhos: Relacionamento: Psicologia do desenvolvimento 155

Sumário

Introdução 5

Puberdade 9

Adolescência, período de crise? 13

Descobrindo a si mesmo 15

Desejos de independência 19

Mesada 23

A vontade de se isolar 25

As mentiras dos adolescentes 27

O adolescente e seu corpo 31

Tatuagens e piercings 35

Sexualidade 39

O "ficar" e o namorar 43

Homossexualismo 47

O grupo de amigos 51

O adolescente vítima de violência 55

Drogas 59

A afirmação da individualidade – Puberdade e adolescência

Educação e limites 65

As conversas entre pais e filhos 71

As baladas, as saídas de madrugada 77

O sono na adolescência 81

A escolha da profissão 83

Os distúrbios no comportamento 87

Ser pai e mãe de filhos adolescentes 91

Introdução

Os livros desta coleção dirigem-se aos pais. Pais que esperam seu filho nascer e pais de crianças e de adolescentes. Pais que desejam conhecer mais profundamente o mundo psicológico de seus filhos para acompanhá-los em suas diferentes etapas do crescimento.

O convívio diário familiar é repleto de alegrias e novas descobertas que os filhos proporcionam aos pais. Mas é também palco de conflitos e dificuldades que surgem naturalmente em qualquer ambiente familiar. Não são poucas as situações que provocam nos pais sensações de perplexidade, angústia e muitas dúvidas diante dos comportamentos e das reações dos filhos. Muitas vezes, os pais gostariam de conhecê-los melhor, de compreender o que eles vivenciam e saber por que reagem e se comportam dessa ou daquela maneira. Gostariam de acompanhar mais de perto as experiências de vida dos filhos, mas nem sempre conseguem entendê-los e colocar-se no lugar deles. Gostariam de poder ajudá-los nos períodos de tormentas e dificuldades que encontram em seu crescimento, mas não sabem como fazê-lo. Ou ainda gostariam de entender por que a fase específica em que os filhos se encontram afeta tanto a eles próprios, fazendo com que se sintam incapazes de lidar melhor com as situações que se apresentam.

A afirmação da individualidade – Puberdade e adolescência

Por meio destes livros, desejo prestar alguma ajuda aos pais nessa tentativa de compreenderem melhor seus filhos. Sabemos que essa compreensão favorece a aproximação entre pais e filhos e contribui de forma muito positiva para as relações entre eles. Com esse objetivo em mente, procurei levar aos pais um pouco dos conhecimentos que pude adquirir em mais de 30 anos de experiência como psicóloga clínica de crianças e adolescentes.

O primeiro volume refere-se ao período da gravidez e primeiro ano de vida. Para favorecer a vinda do bebê ao mundo em condições psicológicas satisfatórias, é preciso cuidar da saúde emocional da gestante e do pai do bebê. Sendo assim, é também deles que o livro trata, abordando as experiências emocionais mais comuns vividas pelos pais nesse período em que aguardam pelo nascimento de seu filho. O primeiro ano de vida, tão fundamental para a formação dos vínculos mãe-bebê e pai-bebê, é descrito considerando-se as primeiras experiências do bebê no mundo e seu desenvolvimento ao longo desse período.

O segundo volume trata do mundo psicológico da criança de 1 a 5 anos. É uma etapa em que os vínculos familiares têm importância central para a estruturação da vida emocional da criança e na qual ela vive experiências marcantes em seu desenvolvimento. Retirar as fraldas, ganhar um irmão e entrar na escola são algumas das experiências de que o livro trata.

O terceiro volume dirige-se aos pais de crianças de 6 a 12 anos, isto é, até o momento que antecede o início da puberdade. Essa é uma fase de grandes mudanças

Introdução

na vida da criança e em suas relações com o mundo e a família. O livro procura abordar as questões mais importantes e significativas que fazem parte dessa etapa da vida infantil.

O quarto volume trata da puberdade e adolescência. Nessa fase de grandes transformações no comportamento, nas vivências e necessidades dos filhos, os pais desejam entendê-los melhor, a fim de saber como lidar com eles e contribuir positivamente para sua evolução em direção à fase adulta. O livro trata das principais situações que fazem parte dessa fase, incluindo as conquistas, necessidades, angústias e rebeldias que acompanham o processo de "adolescer".

Atualmente a psicologia já faz parte da vida das pessoas, sendo reconhecida como uma ciência preocupada com o bem-estar e a saúde mental do homem e que ajudou a desvendar a importância da infância e adolescência no desenvolvimento do indivíduo. É dessas fases da vida que dependem, em grande parte, a saúde mental do ser humano e a possibilidade de preparar um caminho benéfico para se chegar à vida adulta. Esta coleção pretende ajudar os pais a facilitar e promover um crescimento saudável pela jornada do viver de seus filhos. Espero que o leitor possa ver realizada essa intenção.

Eliana Marcello De Felice

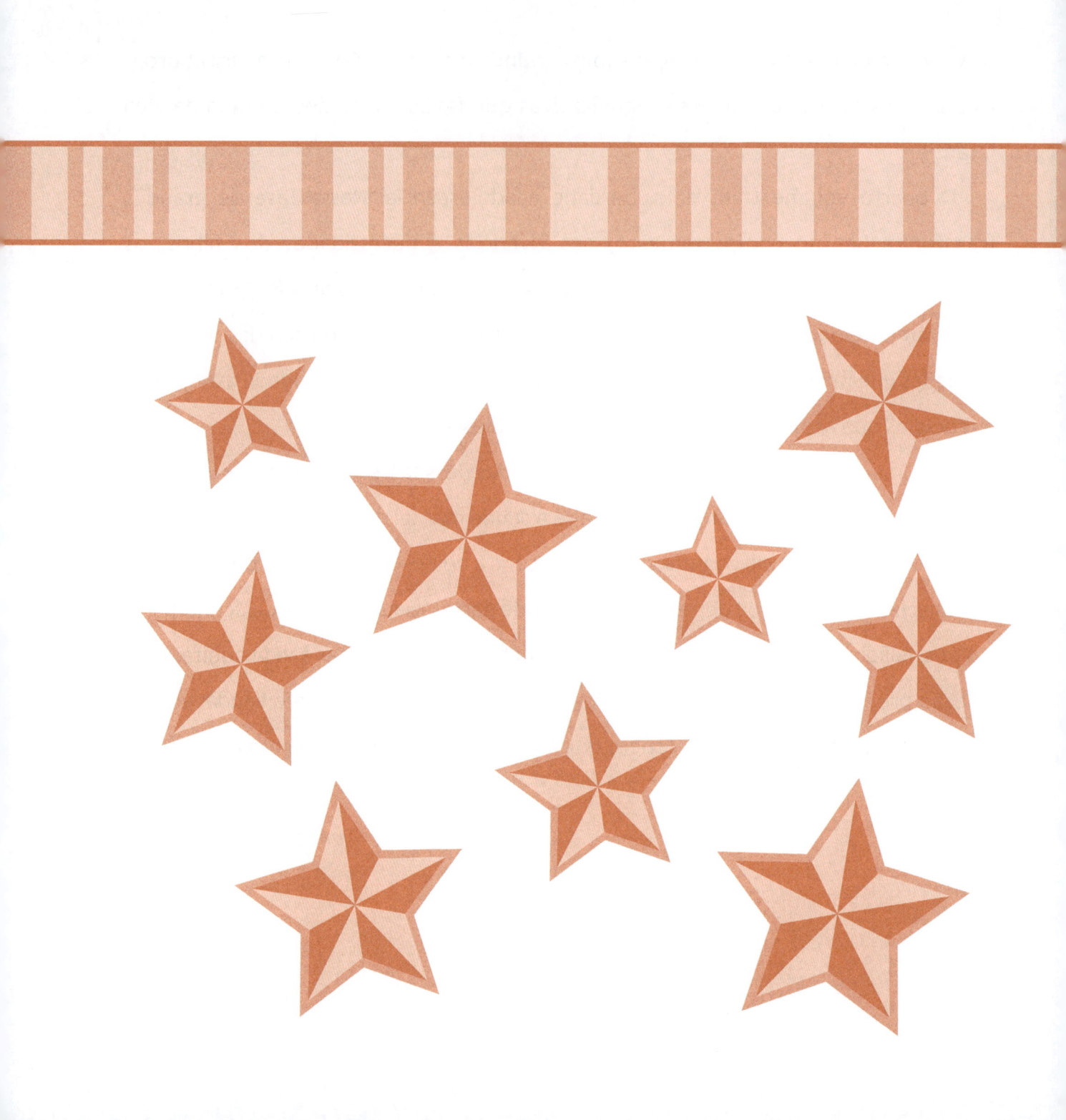

Puberdade

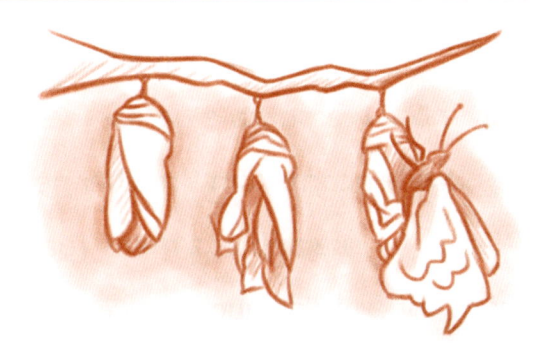

Chegou a puberdade e com ela todas as modificações que a acompanham! Os pais deparam-se, de repente, com o filho ou a filha chegando mais perto da vida adulta. Muitos pais se assustam com a velocidade do crescimento e com o fato de ir ficando definitivamente para trás a fase da infância de seu filho.

A puberdade se inicia, aproximadamente, entre 10 e 13 anos de idade nas meninas e entre 12 e 14 anos nos meninos. Ela provoca diversas transformações corporais, ligadas à maturação sexual nesse período de início da adolescência. Entre essas transformações, surgem os pelos pubianos, tanto nas meninas quanto nos meninos. Nas meninas ocorre também o desenvolvimento dos seios e o início da menstruação e nos meninos o engrossamento da voz, o aumento dos testículos, do pênis, e a capacidade de ejaculação.

A afirmação da individualidade – Puberdade e adolescência

Essas mudanças costumam gerar nos meninos e nas meninas uma mistura de sentimentos, como curiosidade, temor, orgulho, vergonha... É sempre bom quando eles já estão informados sobre essas mudanças antes que elas ocorram e assim possam preparar-se para esse momento.

O surgimento da menstruação nas meninas, por exemplo, é um fato importante e muito significativo para elas, sendo muito bom quando a mãe já teve a oportunidade de conversar com sua filha sobre o assunto e de dar-lhe as informações necessárias sobre o que é menstruação, o que ocorre com a mulher nessa época etc. Já preparada para o fato, a menina poderá viver sua primeira menstruação com tranquilidade e até certo orgulho por ter a prova concreta de que agora ela é uma "mocinha".

Mas mesmo informada antecipadamente do fato, é natural que a menina tenha dúvidas e algumas ansiedades quando chega sua primeira menstruação, sendo importante para ela contar com a mãe para explicar-lhe sobre os absorventes que deve usar, sobre a forma de se higienizar e para esclarecer outras dúvidas que ela tiver. A menina também precisa conhecer o contexto sexual e reprodutivo de que faz parte a menstruação, sendo que, numa linguagem muito simples e direta, a mãe pode explicar-lhe sobre o ciclo mensal feminino, sobre ovulação e outros assuntos relacionados, podendo recorrer a livros e orientações de outras pessoas, se desejar.

O modo como os pais encaram o crescimento da filha e o desenvolvimento de sua feminilidade também é muito significativo para a menina e influi sobre a forma que ela vive seu amadurecimento sexual. Ao perceber os pais orgulhosos e satisfeitos por seus progressos na consolidação de sua feminilidade, a menina pode sentir esse mesmo orgulho por si mesma e por sua condição feminina, representada nesse momento pelo surgimento da menstruação.

O mesmo ocorre com o menino diante das mudanças corporais desse período. As informações que recebe, as conversas com os pais, em que ele pode demonstrar suas preocupações com assuntos sexuais, além do orgulho dos pais pelo desenvolvimento da masculinidade do filho, são fatores muito positivos para o menino, que ajudam para que ele mesmo sinta orgulho e admiração pela evolução de sua masculinidade.

A atitude respeitosa dos adultos para com as mudanças corporais dos meninos e das meninas é muito importante. Todos os pais sabem o quanto seus filhos nessa fase são sensíveis a qualquer comentário sobre as mudanças em seu corpo, como as espinhas no rosto, o timbre incerto da voz dos meninos ou o crescimento dos seios nas meninas. Qualquer sensação de que seu corpo está sendo alvo de ridicularizações ou gracejos provoca uma "ferida" na própria imagem e a tendência a se retrair diante dos outros.

Isso ocorre porque os meninos e as meninas estão ainda muito inseguros quanto a seu próprio corpo. Alguns medos naturais relacionados às mudanças da puberdade e às incertezas sobre o futuro da vida sexual revelam suas inseguranças. Por exemplo, as meninas podem ter medo de não desenvolver seios bonitos e grandes, os meninos podem fantasiar que o pênis não crescerá suficientemente e eles não

A afirmação da individualidade – Puberdade e adolescência

se tornarão homens potentes e férteis, entre outros medos. Se eles puderem expor esses temores para os pais, será muito bom perceberem que são compreendidos em seus receios e que os pais podem tranquilizá-los de que sua evolução ocorrerá dentro da normalidade.

Adolescência, período de crise?

A puberdade é o período inicial da adolescência e caracteriza-se pelas transformações físicas e biológicas que foram descritas. Já o termo "adolescência" é mais amplo e refere-se a toda a adaptação psicológica, social e familiar envolvida nessa etapa de transição entre a infância e a vida adulta. O período da vida compreendido pela adolescência vai do início da puberdade até os 20 anos de idade, aproximadamente.

A adolescência provoca muitas mudanças nos meninos e nas meninas. Desde as mudanças físicas e corporais da puberdade, até as mudanças no comportamento do jovem, na relação com os pais e com a família, na vida social, entre outras. Nas próximas páginas, falaremos um pouco de todas essas mudanças.

A afirmação da individualidade – Puberdade e adolescência

Em virtude dessas múltiplas transformações características da adolescência, esta passou a ser considerada uma etapa de crise no desenvolvimento psicológico. Isso porque o adolescente enfrenta uma "turbulência emocional", uma espécie de desestruturação interna, provocada pelas grandes mudanças envolvidas nessa fase. É também um momento de incertezas quanto ao futuro e de inseguranças quanto a ser capaz de realizar na vida adulta tudo o que o adolescente deseja e sonha para si mesmo.

Porém, trata-se de uma crise necessária, que não pode e nem deve ser evitada. É da desestruturação do adolescente que emergirá posteriormente a nova estruturação da personalidade adulta. Não se pode "pular" essa etapa, tampouco apressá-la ou retardá-la. Tudo tem seu tempo, seu caminho natural. Cada fase do desenvolvimento psicológico deve ser efetivamente vivida, pois cada uma delas tem seu papel na formação da personalidade do adulto que, em breve, os adolescentes se tornarão.

Mas o fato de ser essa uma etapa de crise, não implica necessariamente em uma fase de intensos sofrimentos e angústias. Para muitos adolescentes, esse período fornece muitas alegrias, com a descoberta de novos prazeres e possibilidades, que superam os conflitos e as inseguranças. Quanto mais tranquilamente o adolescente viver essa fase (o que não implica em conformismo e passividade, mas em prazer e sensação de ganhos), mais ele demonstra que a está atravessando de forma saudável e feliz.

Descobrindo a si mesmo

Os adolescentes buscam construir uma identidade adulta, algo que ocorre passo a passo, e essa é uma realização muito importante para eles. Para construir essa identidade, ele precisa se descobrir, saber quem é, o que quer, o que pensa... Ou seja, trata-se da descoberta da própria individualidade.

Por isso, o adolescente saudável não aceita passivamente as opiniões, os pensamentos e as decisões dos outros, ele sente necessidade de encontrar em si mesmo os próprios referenciais que vão guiar suas ideias e atitudes. Isso faz com que muitos adolescentes se mostrem às vezes contrários a tudo. Tudo eles criticam, tudo lhes parece inadequado, ultrapassado, sem valor... Se for algo que vem dos pais, pior ainda! Sua necessidade de se separar dos pais e desenvolver suas próprias ideias e opiniões chega a ser muitas vezes difícil de lidar!

A afirmação da individualidade — Puberdade e adolescência

Mas é assim que os adolescentes vão lutando para se sentirem verdadeiros consigo mesmos. Quando têm oportunidade de ser ouvidos, eles gostam de expressar suas ideias e concepções sobre diversos assuntos, mesmo que depois mudem de opinião. Geralmente, eles gostam de debater sobre coisas que lhes dizem respeito e também sobre o mundo, a sociedade, religião, justiça, igualdade e outros temas. Isso lhes dá a oportunidade de "brincar" com as ideias, o que é uma capacidade nova, que eles adquirem agora que são capazes de pensar de modo abstrato. Também os ajuda a desenvolver suas próprias concepções sobre o mundo, sobre si mesmos e seu lugar no mundo.

Os adolescentes precisam sentir que possuem uma "cabeça própria" e que não são levados passivamente por ideias e padrões definidos pelos outros. Eles apreciam muito a liberdade, a "liberdade de ser", pois é assim que eles vão descobrindo-se e formando sua identidade.

Os adolescentes também podem utilizar algumas referências externas para irem gradualmente consolidando suas próprias ideias e opiniões. Um adulto admirado, um grupo que defende determinados ideais ou um líder político podem ser modelos idealizados pelos adolescentes, que lhes dão elementos para a construção de sua identidade adulta. Posteriormente, eles tendem a se afastar desses modelos, mas estes têm uma importância durante o período em que o adolescente se sente um pouco perdido e confuso sobre si mesmo.

Por exemplo, um adolescente de 17 anos começou a ter aulas de filosofia com um professor que se tornou seu "ídolo". Ele adorava as aulas desse professor e não

Descobrindo a si mesmo

queria perder nenhuma, mostrando-se sempre interessado e participativo durante todas as aulas. Nas conversas com outros adolescentes e adultos, ele gostava de apresentar suas ideias com base em pensamentos filosóficos aprendidos nas aulas com o professor admirado.

Percebia-se que esse adolescente tomou seu professor como um "modelo" muito valorizado, que ele utilizava como uma espécie de "guia" dentro de si e com o qual ele desejava se assemelhar. Esse professor foi para ele, durante certo tempo, um exemplo de adulto em quem ele via características que almejava ter quando chegasse à vida adulta. Essa identificação com o professor foi importante para ele, fornecendo-lhe uma referência sobre a qual se apoiar em uma fase de tantas indefinições e incertezas.

Desejos de independência

$\mathcal{A}$ adolescência provoca mudanças nas relações entre pais e filhos. Entre elas, encontra-se a necessidade do adolescente de realizar uma separação maior dos pais e da família, a fim de romper o antigo vínculo infantil que mantinha com eles. Os adolescentes desejam conquistar ainda mais independência do que já vinham alcançando e muitas vezes é por meio de confrontos com todos os que os cercam que eles procuram alcançar esse objetivo.

Os adolescentes podem mostrar-se muito desafiadores e costumam ficar muito bravos quando se sentem tratados como crianças! Na verdade, eles estão lutando internamente contra suas tendências, que ainda existem, de continuar crianças dependentes e protegidas pelos pais. Ao mesmo tempo, desejam crescer e se desenvolver, ter maior autonomia e liberdade para conquistar o *status* de uma pessoa adulta.

A afirmação da individualidade – Puberdade e adolescência

Como se percebe, há uma "contradição normal" nos adolescentes. Isso porque esse é um período de transição entre a infância e a vida adulta. Como toda transição, ela ocorre com idas e voltas, muitas flutuações, em que há momentos nos quais os adolescentes parecem crianças pequenas, infantis e imaturas, e outros em que se mostram indivíduos maduros e evoluídos. E a cada passo, mais o lado adulto vai estabelecendo-se na personalidade de cada um.

A necessidade de lutar para se separar dos pais e se tornar independente deles explica em parte o comportamento de "ficar emburrado", que é típico dessa fase. Esse é um jeito que o adolescente encontra de marcar uma distância com relação àqueles de quem ele se sente emocionalmente dependente. Diga-se, de passagem, que é um jeito que às vezes é bem desagradável para os pais! Mas é importante perceber que o adolescente só adota esse comportamento em relação àqueles que ele mais ama e depende. Muitos pais de adolescentes reclamam que o filho, perto dos outros, é extremamente simpático e agradável, ao contrário do que é com eles. Mas com os outros, o adolescente não tem o vínculo afetivo intenso e estreito que ele tem com a família. É em relação a esta que ele quer e precisa ganhar independência.

É importante para os adolescentes alcançarem, pelo menos em parte, essa independência que estão buscando. Isso lhes dá um sentimento de liberdade para viver os novos prazeres e as conquistas dessa fase. É claro que haverá muitos momentos de angústias e incertezas diante da independência alcançada, momentos em que eles poderão buscar o apoio e a proteção dos pais para se tranquilizarem. Isso porque a

Desejos de independência

liberdade também traz uma insegurança derivada do fato de que agora eles são mais responsáveis pela própria vida e terão de dar conta sozinhos de muitas das situações que viverem.

Mas se essa insegurança for muito intensa, pode atrapalhar o adolescente. Pode impedi-lo de viver plenamente sua adolescência, fazendo com que ele procure manter-se infantil e "atado" aos pais, tendo dificuldades para sair da infância. Nesse caso, o adolescente precisa ser ajudado pelos pais. Precisa ser estimulado a enfrentar as vivências e os desafios da adolescência, a sair com os amigos, a ser mais independente. Precisa da confiança dos pais em suas capacidades evoluídas, em seus recursos para crescer. A adolescência saudável envolve uma conquista gradual de liberdade, autonomia e independência, que é fundamental para preparar o adolescente para a vida adulta.

Por outro lado, alguns adolescentes desejam apressadamente alcançar grande independência, sem que estejam de fato preparados para exercê-la e, muitas vezes, mascarando uma atitude infantil e imatura que se encontra sob uma aparência de autonomia.

Por exemplo, um adolescente de quase 18 anos queria ter um cartão de crédito próprio para fazer seus gastos, argumentando que queria ser livre e independente e não queria mais ter de ficar pedindo dinheiro aos pais ou dando-lhes explicações quando fizesse um gasto maior. Os pais então lhe perguntaram quem iria pagar as despesas do cartão de crédito, ao que o filho respondeu:

– Vocês, lógico!

A afirmação da individualidade – Puberdade e adolescência

Os pais mostraram então ao filho que aquilo não era independência e que ele poderia ter seu cartão de crédito quando começasse a trabalhar e a ganhar seu próprio dinheiro. O adolescente esbravejou, mas os pais, felizmente, não cederam. Perceberam que aquela independência que o filho pedia era uma "pseudoindependência", ou seja, falsa, baseada apenas em uma aparência de autonomia e maturidade. Na verdade ele continuava dependente dos pais, mas acreditando que poderia ter tudo o que quisesse sem ter de apresentar qualquer justificativa para suas ações.

Toda independência real supõe a capacidade de assumir os riscos e as responsabilidades envolvidas no exercício da liberdade e autonomia. Ao se recusarem a ceder ao filho nessa situação, os pais o estavam ajudando a crescer e a amadurecer, percebendo que a independência deve ser fruto de uma conquista pessoal.

Mesada

A possibilidade de manejar seu próprio dinheiro pode ser dada ao adolescente por meio de mesadas, para que ele faça seus gastos com certa autonomia. Até que o adolescente comece a trabalhar, uma mesada fixa, dentro das possibilidades da família, pode ser uma forma interessante de permitir que ele aprenda a administrar o próprio dinheiro com responsabilidade, a adquirir níveis satisfatórios de autocontrole e a fazer escolhas cada vez mais maduras.

Porém, essa mesada não deve corresponder a uma quantia volumosa, pois isso impediria que o adolescente aprendesse a conviver adequadamente com limites e reforçaria nele uma atitude "onipotente", ao levá-lo a acreditar que pode ter tudo o que quer. Cobrar do adolescente uma postura comedida e responsável com seu próprio dinheiro é uma ótima maneira de ajudá-lo a se preparar para a vida adulta,

A afirmação da individualidade – Puberdade e adolescência

aprendendo a valorizar o que possui e a conciliar de forma madura seus desejos com a realidade.

Ao mesmo tempo, é importante que não se use da prática de "pagar" o adolescente pelos serviços e pela ajuda que ele possa prestar em casa. Ele deve ser levado a compreender que toda colaboração que der à família é feita porque ele é parte dela e, como tal, tem suas obrigações e responsabilidades. O adolescente pode, assim, doar algo de si à família, podendo sentir-se recompensado por sua própria capacidade de oferecimento e de amor aos membros familiares.

A vontade de se isolar

Além do distanciamento relativo dos pais, a maioria dos adolescentes apresenta uma forte tendência ao isolamento. Eles procuram o recolhimento, e o próprio quarto representa, em geral, o lugar que lhes fornece essa possibilidade. Os adolescentes se fecham no quarto e detestam ser incomodados! No quarto eles têm seu próprio mundo particular, lá eles mantêm seus diários íntimos, suas conversas particulares com os amigos, suas confidências pessoais. Quando o adolescente divide o quarto com outros irmãos, pode necessitar ter um "canto seu" dentro do quarto, que contenha seus objetos pessoais e para onde possa recolher-se quando desejar.

A típica bagunça do quarto dos adolescentes representa em parte a "bagunça interna" de seu mundo interior, provocada pelas grandes transformações próprias da

A afirmação da individualidade – Puberdade e adolescência

fase que estão vivendo. Muitos pais ficam em dúvida se devem insistir com seu filho adolescente para que ele mantenha seu quarto arrumado. Geralmente, isso conduz a muitas brigas entre pais e filhos. Talvez o melhor fosse tentar algum "acordo", por exemplo, pedindo que o adolescente arrume sua cama e guarde suas roupas, mas deixando-o mais livre em relação aos objetos de seu quarto, como CDs, papéis, cartas etc. Como a bagunça traduz algo que se passa internamente no adolescente, não adianta muito forçar uma rígida arrumação externa que não corresponde à verdadeira condição emocional dessa fase.

Os adolescentes apresentam muita necessidade de preservar sua privacidade e qualquer intromissão dos adultos significa, para eles, uma invasão. O isolamento e recolhimento fazem parte dos processos psicológicos de busca da identidade pessoal, de "luto" pela infância perdida, de separação dos pais e de elaboração interna das transformações pelas quais estão passando. Os adolescentes sentem a necessidade de se voltarem para si mesmos e muitos pais percebem que precisam respeitar essa necessidade dos filhos. Evitar invadi-los em sua privacidade é uma boa forma de ajudá-los a se sentirem respeitados e compreendidos.

Porém, respeitar a necessidade de isolamento do filho adolescente não significa abandoná-lo. Se os pais percebem que o isolamento do filho o afasta de tudo e de todos, que ele evita sair de casa, não tem amigos, ao mesmo tempo que apresenta uma tristeza permanente, precisarão ajudá-lo, tentando compreender o que lhe ocorre e talvez precisando recorrer a uma ajuda profissional.

As mentiras dos adolescentes

Devido em parte a essa necessidade de preservar a própria privacidade, muitos adolescentes apresentam o hábito de mentir para os pais. As mentiras dos adolescentes preocupam muitos pais, que passam a não confiar no filho, o que pode prejudicar o relacionamento entre eles. Mas é importante considerar que geralmente isso passa com o tempo, pois é um comportamento que tem uma função nessa fase específica, que é a de manter os pais mais distantes de sua vida e de sua intimidade.

Dessa forma, esconder dos pais fatos e situações que o adolescente deseja manter em segredo é uma atitude bastante comum. Ele pode, por exemplo, mentir para os pais dizendo que vai dormir na casa de um amigo conhecido da família, mas na verdade ele vai com uma turma na casa de um outro colega, onde todos

A afirmação da individualidade – Puberdade e adolescência

vão passar a noite juntos. Isso pode significar para ele um ato de libertação, uma conquista de independência que o faz sentir-se mais adulto, e contar a verdade aos pais o colocaria, em sua perspectiva, numa situação mais "infantilizada". Se os pais compreendem essa necessidade que os filhos adolescentes possuem de ter seus próprios "segredos", que não querem revelar a eles, podem ser mais tolerantes com relação às mentiras mais leves e que não trazem grandes consequências.

A tendência a mentir dos adolescentes pode ser abrandada quando eles percebem que podem contar algumas de suas experiências e intimidades aos pais, quando desejarem, sem que sejam reprovados, condenados ou incompreendidos. A acolhida dos pais para as vivências do filho adolescente contribui para que este ganhe maior confiança no vínculo com eles, o que pode fazer com que o adolescente queira repartir algumas de suas experiências com os pais. Além disso, quando o adolescente percebe que os pais não vão proibi-lo de tudo, que ele pode gozar de relativa liberdade em sua vida, desde que seja uma liberdade responsável, a tendência a mentir também diminui.

No entanto, é necessário distinguir a situação da mentira ocasional daquela na qual o adolescente mente com muita frequência ou até mesmo inventa muitas situações fictícias para a maioria das pessoas de seu convívio, inclusive para os amigos. Neste caso, trata-se de um problema mais sério, uma distorção da personalidade. O adolescente cria um modo falso de viver, precisando apresentar às pessoas uma imagem de si que não corresponde a seu ser real. Esses adolescentes precisam de

As mentiras dos adolescentes

ajuda para compreender as razões de seu comportamento, os aspectos de si mesmo que procuram esconder e os motivos desse ocultamento.

Um exemplo dessa situação é o de um garoto de 14 anos que sempre teve o hábito de mentir, porém isso foi acentuando-se com o tempo, até que os pais resolveram consultar um profissional para compreender o que causava esse comportamento do filho. As mentiras eram contadas por ele com grande riqueza de detalhes, chegando a impressionar a todos que as ouviam. Ele dizia, por exemplo, que tinha viajado para a Europa em um navio e que o capitão do navio o convidou para acompanhá-lo de barco a uma ilha onde havia espécies desconhecidas de animais. Descrevia como eram os animais, como se comportavam, o que havia acontecido. As histórias se alongavam e ele relatava detalhes que levavam alguns amigos a pensar se as histórias não eram verdadeiras.

Esse menino teve uma história de vida muito difícil e vivia em um lar no qual as relações familiares eram muito conflituosas. Suas mentiras representavam, em parte, uma forma de fugir de uma realidade penosa e angustiante, refugiando-se em um mundo criado por ele e procurando esconder de si mesmo e dos outros seu próprio sofrimento. Os pais perceberam que seu filho precisava de ajuda.

Outra situação de mentiras mais sérias se dá quando o adolescente esconde atos cometidos que implicam em irresponsabilidades mais graves. Nesse caso, os pais percebem que precisam intervir e conversar com o filho. Conforme a gravidade dos atos cometidos pelo adolescente, nessa conversa pode haver a necessidade de um

A afirmação da individualidade – Puberdade e adolescência

posicionamento mais firme dos pais, o que não quer dizer agredir o filho, mas levá-lo a pensar e refletir sobre seus atos e perceber que os pais estão ali, firmes para contê-lo em suas ações irresponsáveis e inconsequentes.

O adolescente e seu corpo

Essa é uma fase de grande preocupação com o próprio corpo. Isso porque os adolescentes vivem um momento de muitas mudanças corporais e de afloramento da sexualidade adulta e genital. O adolescente precisa ir adaptando-se aos poucos a seu novo corpo e aprendendo a conviver com sua sexualidade, a manejá-la e canalizá-la de modo satisfatório para ele.

Além disso, o corpo relaciona-se intimamente com a identidade de cada um, com a imagem que se tem de si mesmo e que é passada para os outros. Como o adolescente está às voltas com a formação da própria identidade adulta, com a descoberta de "quem sou" e preocupado com a imagem de si próprio, o corpo torna-se alvo de grande interesse para ele. Por meio do corpo ele procurará mostrar quem é, ou quem ele quer ser, vestindo-se, penteando-se e usando acessórios de acordo com padrões

A afirmação da individualidade – Puberdade e adolescência

que lhe conferem uma determinada identidade. Assim, muitos pais podem ouvir o filho dizer que faz parte do grupo dos "emos", das "patricinhas" ou dos "góticos", entre muitos outros, cujas vestes e maneiras de cuidar da aparência são semelhantes entre os membros do grupo. Isso estabelece para o adolescente uma identidade, mesmo que temporária, mas que lhe dá uma garantia de "ser alguém".

A adolescência é uma etapa eminentemente "narcísica", isto é, o interesse do adolescente concentra-se basicamente em si mesmo e ele preocupa-se muito em ser amado e valorizado. Seus sentimentos de valor próprio centralizam-se, em grande parte, em seu corpo. Ter um corpo bonito, estar dentro dos padrões de beleza que ele valoriza e ser capaz de atrair e conquistar o sexo oposto são aspectos importantes para ele, pois elevam sua autoestima e reforçam sua masculinidade ou feminilidade.

Muitas das inseguranças do adolescente, normais nessa fase de transformações e incertezas, são transferidas para preocupações e sofrimentos com o corpo: ele se acha feio, gordo, baixo, odeia suas espinhas, as estrias, seu cabelo, as pernas finas etc. São muitos os momentos em que os pais ouvem as queixas, os choros e o desespero dos filhos adolescentes por causa do próprio corpo! Isso quando eles não insistem que querem fazer plástica, colocar silicone, fazer lipoaspiração, tomar anabolizantes...

Não é nada fácil para os pais lidarem com essas angústias dos filhos nessa fase, mas o melhor a fazer é não se angustiar em demasia, junto com eles. A calma e a serenidade dos pais ajudam muito para que o adolescente vá, aos poucos, lidando melhor com suas inseguranças e descobrindo, por si próprio, que ele não precisa ter um "corpo perfeito" para se sentir bem consigo mesmo.

A autoconfiança do adolescente vai sendo alcançada com o tempo, principalmente se ele teve, anteriormente, um desenvolvimento psicológico saudável. A saúde psíquica na adolescência depende, em grande parte, das etapas anteriores do crescimento, pois são elas que promovem a base da estrutura psicológica que todo indivíduo carrega consigo pela vida afora. Portanto, se os pais percebem que seu filho conseguiu estruturar bem essa base, não precisam ficar angustiados ou alarmados com os momentos de crise que ele apresentar durante sua adolescência.

Mas conservar a serenidade diante das crises dos adolescentes, com relação a seu corpo, não significa desmerecer o sofrimento deles ou considerá-lo absurdo. Eles de fato sofrem muito quando se sentem "feios" ou quando uma parte de seu corpo lhes desagrada muito. Conversar com o adolescente sobre o fato e verificar se algo pode ser feito para minimizar seu problema pode ser um bom auxílio.

Por exemplo, se ele se sente gordo e isso condiz com a realidade de seu peso corporal, os pais podem ajudá-lo a empreender uma dieta, ou até mesmo sugerir-lhe, se os pais tiverem condições, uma consulta com um nutricionista. Porém, se a sensação de obesidade for fruto de uma "fantasia" do adolescente, de uma perturbação na forma de se ver, ou até mesmo de uma obsessão que ele tem para manter uma magreza excessiva, o melhor é ajudá-lo a perceber isso e, quem sabe, recorrer ao auxílio de um psicólogo.

A afirmação da individualidade – Puberdade e adolescência

Quanto aos pedidos de cirurgias plásticas, consideramos que devem ser atendidos somente em casos extremos, quando o problema físico do adolescente for de fato muito acentuado e houver indicação médica, além da necessidade de se levar em conta as condições financeiras da família. Porém, na maioria das vezes, esses pedidos surgem em momentos de maior angústia, quando o adolescente acredita que mudar algo em seu corpo vai resolver magicamente todas as suas ansiedades e inseguranças. Como toda ilusão, a tendência a se decepcionar é muito grande, fazendo com que possam surgir outros pedidos semelhantes mais para frente.

É somente elaborando as próprias angústias e inseguranças que o adolescente chega a uma etapa de maior satisfação consigo mesmo e, aí então, ele "faz as pazes" com seu corpo. E isso demanda tempo. Por isso, os pais devem evitar que a pressa dos adolescentes em resolver tudo os "contamine", conseguindo suportar com paciência e tranquilidade as explosões de angústia de seu filho, o que será de grande ajuda para que este desenvolva sua própria capacidade de fazer o mesmo.

Tatuagens e piercings

As tatuagens e os piercings passaram a ser largamente utilizados pelos adolescentes na atualidade. Em parte, seu uso é fruto da moda, o que faz com que muitos queiram tatuar o corpo ou colocar um piercing simplesmente porque seus amigos o fizeram.

Mas não se pode ignorar o aspecto psicológico presente nessa "moda". Marcar o corpo com uma tatuagem ou um piercing pode ser uma forma que os adolescentes encontraram de afirmar que são "donos" do próprio corpo, isto é, que não possuem mais um corpo infantil que pode ser manipulado pelos pais. Nesse sentido, esse comportamento subentende certo "desafio" aos pais, um modo de dizer a eles que o adolescente cresceu e não lhes "pertence" mais da mesma forma que era quando pequeno. Ele se apropria do próprio corpo, querendo fazer dele o que bem entende.

A afirmação da individualidade – Puberdade e adolescência

Portanto, esse comportamento tipicamente adolescente faz parte do desejo de ganhar maior autonomia em relação aos pais.

O adolescente que passa a fazer uso excessivo das tatuagens e dos piercings pode estar revelando conflitos mais intensos nas relações com os pais. Isso pode representar uma atitude provocadora com o mundo dos adultos, o que significa opor-se, no fundo, aos próprios pais.

Mas não é só na relação com os pais que as tatuagens e os piercings possuem um sentido para os adolescentes. Fazer uma tatuagem ou colocar um piercing podem ser formas de exibição do próprio corpo, relacionando-se com o narcisismo dessa fase adolescente. Ao mesmo tempo, essas práticas dizem respeito às relações do jovem com sua sexualidade, que ele está aprendendo a conhecer e manejar. Não é à toa que muitas das escolhas dos lugares corporais para as tatuagens e os piercings são partes sexualmente sensíveis, como os mamilos, a língua, o pescoço... Ou seja, essa é uma entre muitas maneiras que os adolescentes encontram para lidar com seu próprio corpo e com sua sexualidade. O excesso de tatuagens e piercings pode indicar maiores problemas na relação com o próprio corpo.

As escolhas das figuras tatuadas também são significativas. Símbolos de feminilidade ou masculinidade são encontrados em muitas delas, como as flores escolhidas pelas adolescentes e os dragões pelos adolescentes. Outros anseios do jovem podem ser expressos no desenho tatuado, como o desejo de liberdade

Tatuagens e piercings

em uma borboleta nas costas. Não se descarta, porém, a possibilidade de que essa escolha seja simplesmente em função da beleza e da estética da figura, ou ainda da moda.

As reações dos pais diante do desejo dos filhos de fazer uma tatuagem ou de colocar um piercing são muito variáveis. Dependem em parte da maneira como eles aceitam as mudanças em relação aos hábitos de quando eram adolescentes, do modo como foram criados etc. Dependem também do estilo e dos costumes da família. Mas de modo geral é sempre melhor quando os pais não criam um "drama" por causa disso. É importante considerar que essa é uma prática comum na atualidade e que faz parte do processo de adolescer.

Mas quando os pais abominam o uso das tatuagens e dos piercings terão de dizer isso ao filho. Não adianta os pais fingirem que aceitam tranquilamente a situação quando isso não corresponde à verdade. Os filhos precisam saber o que seus pais pensam e por mais que discordem deles, o que nessa fase é comum e até saudável, certamente guardarão em algum canto de suas mentes as visões dos pais sobre coisas que dizem respeito a eles mesmos. Por mais que não demonstrem, os adolescentes dão muito valor às opiniões dos pais, pois estes continuam sendo figuras muito importantes para eles.

Por isso, em vez de simplesmente proibir os filhos de fazer tatuagens e *piercings*, é muito mais produtivo conversar honestamente com eles sobre a visão que os pais têm a respeito disso, mostrando-lhes os possíveis prejuízos, presentes e futuros,

A afirmação da individualidade – Puberdade e adolescência

dessas práticas, a irreversibilidade dessas escolhas, os riscos envolvidos etc. Quando os adolescentes percebem que os pais não estão simplesmente interessados em dominá-los e submetê-los a suas ordens, mas preocupados e envolvidos com a saúde e o bem-estar deles, torna-se mais fácil escutá-los e considerar suas visões com menos resistências, o que não significa necessariamente que farão tudo de acordo com as opiniões dos pais.

Sexualidade

Com a intensificação das sensações sexuais e a dominância da sexualidade genital, a adolescência vai envolver necessariamente o jovem com a descoberta da própria sexualidade, dos novos prazeres que seu corpo lhe possibilita obter, assim como com os conflitos normais relacionados às questões de ordem sexual. Inseguranças quanto a ser capaz de ter uma vida sexual normal, de conseguir obter o prazer que o adolescente espera e de que seus órgãos sexuais estejam perfeitamente em ordem, são naturais nesse período.

Muitos adolescentes inseguros buscarão uma forma de alívio na masturbação. Esta lhes serve para testar sua potência sexual, sua capacidade de obter prazer e para se certificar de que seus órgãos sexuais são perfeitos. Além disso, a masturbação oferece ao adolescente uma forma de descarga da própria sexualidade, enquanto ele

A afirmação da individualidade – Puberdade e adolescência

ainda não tem pleno acesso à vida sexual com um parceiro. Conforme o adolescente começa a se relacionar sexualmente, a masturbação tende a diminuir.

Nessa fase, crescem os interesses por temas e assuntos sexuais. Muitos adolescentes possuem uma inibição para demonstrar esse interesse para os pais e será com os amigos que procurarão explorar o assunto. Falar de sexo com os colegas, ver revistas e filmes com cenas eróticas e pornográficas são atitudes muito comuns.

Embora os adolescentes fiquem geralmente envergonhados de tratar desses assuntos com os pais, estes podem tentar introduzir o tema em conversas com os filhos, procurando, no entanto, não invadi-los em sua privacidade. Mas ninguém melhor que os pais para orientar garotos e garotas dessa fase sobre a vida sexual. Informá-los sobre riscos de gravidez e de doenças sexualmente transmissíveis, por exemplo, faz parte das funções parentais. A informação verdadeira é uma das melhores formas de prevenção de riscos para os jovens, e essas informações devem vir da família, da escola e de todos aqueles que lidam com adolescentes.

Todos sabem que a falta de informações adequadas pode levar o adolescente a se expor a riscos prejudiciais para si mesmo, como a gravidez precoce. A gravidez na adolescência tem sido cada vez mais comum nos tempos atuais, acarretando muitas dificuldades na vida dos jovens, que como pais passam a assumir um papel para o qual, geralmente, eles não se encontram emocionalmente preparados. Não é à toa que são comuns as atitudes de "fuga da responsabilidade", delegando aos avós as tarefas de cuidados ao neto, por exemplo. De outro lado, alguns adolescentes assumem rapidamente seu novo papel de pai ou mãe, mas à custa da "maturidade precoce", em que a adolescência como uma fase de relativa imaturidade, normal e necessária, é "pulada", deixando o jovem com a sensação de que algo foi perdido.

Portanto, cabe aos adultos que convivem com os adolescentes, principalmente aos pais, a tarefa de oferecer-lhes as informações necessárias para que possam exercer sua sexualidade com responsabilidade e segurança para si próprios e para os outros. Ao mesmo tempo, é importante ter em mente que essas informações não devem dirigir-se no sentido de deixar os adolescentes amedrontados e culpados por sua sexualidade. Falar com naturalidade sobre assuntos sexuais com os adolescentes ajuda-os a aceitar sua própria sexualidade sem culpa nem vergonha excessiva, ao mesmo tempo em que os conscientiza dos fatos da realidade para que evitem atuações prejudiciais para si mesmos.

Apesar de ser saudável que os adolescentes consigam estabelecer com os pais conversas sobre sexualidade, o respeito pela intimidade de cada um deve ser mantido. Intromissões dos pais na vida sexual dos filhos, assim como intromissões dos filhos na vida sexual dos pais, devem ser evitadas. Procurar saber detalhes da vida sexual do outro, por exemplo, pode ser vivido como uma invasão à privacidade individual. Os adolescentes devem perceber que a sexualidade tem de ser tratada com respeito, delicadeza e como um aspecto privativo da vida pessoal de cada um.

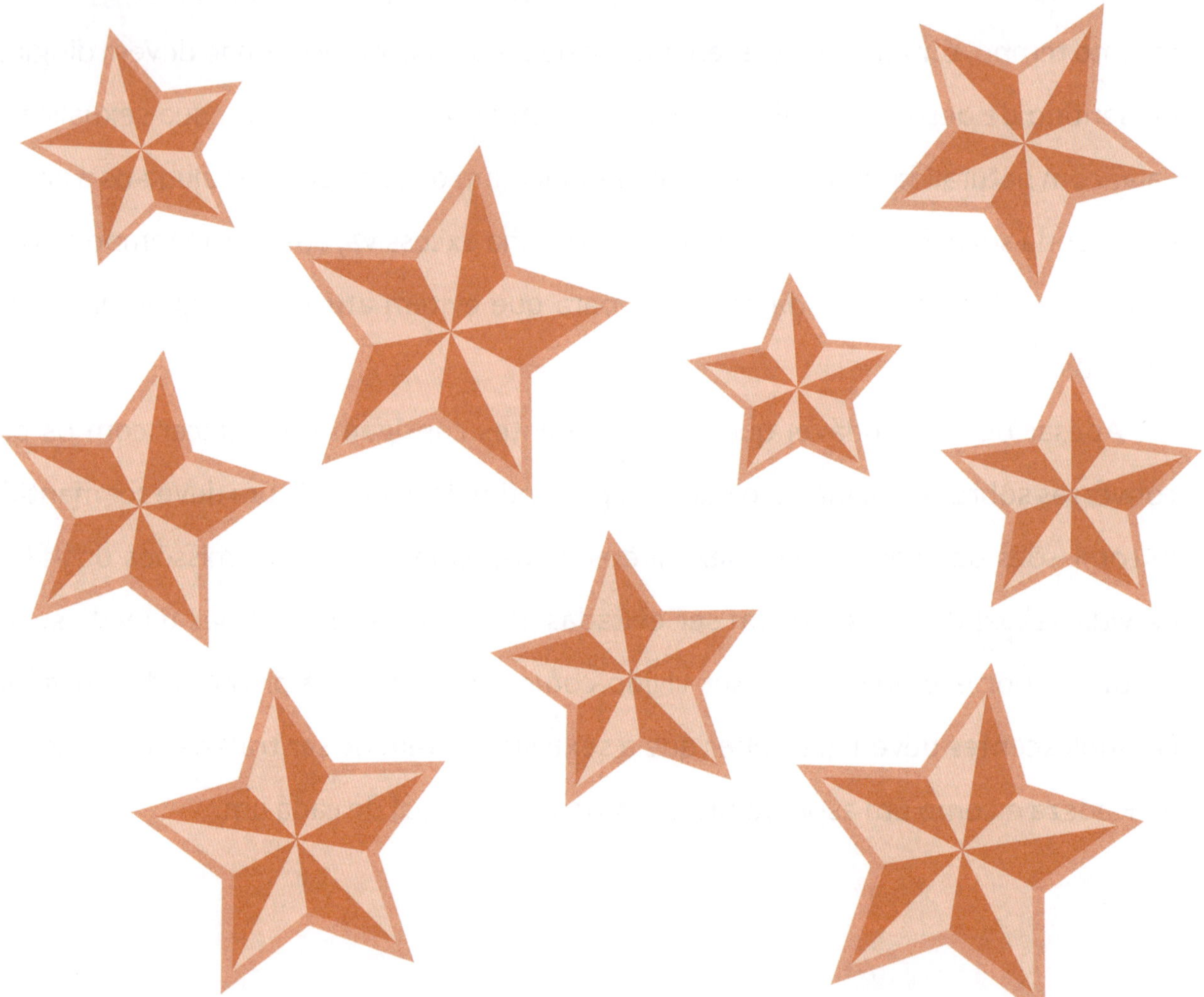

O "ficar" e o namorar

Logo no início da adolescência começam a surgir os primeiros contatos amorosos entre adolescentes. Surgem os primeiros beijos, os primeiros "ficantes". Prática comum entre os jovens na atualidade, o "ficar" costuma anteceder a experiência do namoro. Através do "ficar", os adolescentes experimentam um contato prazeroso com um parceiro, no qual podem começar a exercer a própria sexualidade, com pouco ou nenhum envolvimento afetivo. No início da adolescência, o envolvimento amoroso é ainda um pouco assustador para a maioria dos adolescentes, mas assim que eles passam a se sentir um pouco mais seguros e maduros, prontos para uma entrega amorosa maior, o "ficar" começa a dar lugar aos namoros.

Os namoros propiciam as primeiras experiências de envolvimento afetivo com um parceiro. Essas são experiências muito significativas para eles, que

A afirmação da individualidade – Puberdade e adolescência

os ajudam a integrar o amor ao prazer sexual que terão mais para frente. Esses relacionamentos amorosos são ainda marcados por muitos componentes infantis, como ciúme excessivo e sentimentos de posse do outro, que fazem parte das vivências normais dos primeiros namoros. O amadurecimento é um processo gradual, que vai ocorrendo aos poucos, e todas essas experiências ajudam os adolescentes na direção da maturidade. É comum ocorrer que, anos mais tarde, os jovens se deem conta do quanto seus primeiros namoros os ajudaram em suas relações posteriores, pois através deles aprenderam muitas coisas sobre relacionamentos amorosos, sobre o que desejam de um parceiro, sobre a própria sexualidade etc.

De fato, essas primeiras experiências são fontes de grande aprendizagem para os adolescentes e é muito bom quando eles têm certa liberdade para vivê-las. Os adolescentes precisam da orientação dos pais, de sua "supervisão a certa distância", de que os pais possam conversar com eles sobre sexualidade segura e responsável. Mas é importante que eles não se sintam impedidos ou coibidos de viver seus relacionamentos afetivos.

É claro que os pais sentem muitas vezes ciúme diante da importância que o namorado ou a namorada adquire para os filhos. Trata-se de um sentimento genuíno, que muitas vezes os pais reconhecem em si mesmos. O pai costuma sentir mais ciúme das filhas, a mãe, dos filhos. Além disso, o despertar da sexualidade dos filhos angustia um pouco os pais e os faz constatar que, de fato, eles cres-

O "ficar" e o namorar

ceram. E que os pais estão envelhecendo. Faz parte do crescimento que o amor infantil aos pais encontre substitutos fora da família. E nós sabemos que assim deve ser.

Uma situação que atualmente tem deixado muitos pais com dúvidas sobre como agir refere-se ao desejo dos filhos adolescentes de trazerem o(a) namorado(a) para dormir em casa. Os pais se perguntam se devem ou não dar permissão para isso, se é preferível ter os filhos por perto, "à vista", ou se é melhor que eles tenham sua vida sexual fora de casa, entre outras dúvidas.

Para decidir sobre essa questão, os pais devem basear-se em seus próprios valores e sentimentos diante da situação. Se os pais abominam a ideia de o filho(a) trazer o(a) namorado(a) para dormir em sua casa, não fará nenhum sentido permitirem isso, simplesmente porque "hoje isso é comum". Vendo-se forçados a aceitar uma situação que é, para eles, inaceitável, os pais se sentirão submetidos aos desejos do filho, o que certamente trará conflitos na relação pais-filhos. Por exemplo, os pais podem começar a agredir o filho diante de outras situações, de forma aparentemente desnecessária e exagerada, sem consciência de que essa agressão se deve ao fato de eles próprios estarem sentindo-se agredidos pela submissão a que se impuseram diante dos desejos do filho.

Há, porém, famílias para as quais o(a) filho(a) trazer o(a) namorado(a) para dormir em casa provoca menos conflitos ou constrangimentos. Isso é mais comum quando se trata de filho homem, e vemos aí uma influência cultural permeando a

A afirmação da individualidade — Puberdade e adolescência

questão. Mas, independentemente dos motivos, mesmo os pais que não se incomodam com o fato devem tratar o assunto com o(a) filho(a) em uma conversa, colocando alguns limites.

Por exemplo, um adolescente de 18 anos teve permissão dos pais para trazer a namorada para dormir com ele nos fins de semana. Inicialmente os pais não se incomodaram com a situação, até que o filho e a namorada começaram a circular pela casa em trajes menores na frente de todos e os pais começaram a se sentir desrespeitados e incomodados com a falta de discrição dos adolescentes. Resolveram então conversar com o filho, dizendo-lhe que, embora eles tivessem permitido que sua namorada viesse dormir na casa, queriam que eles restringissem sua sexualidade ao espaço do quarto do adolescente, mantendo a discrição e o respeito aos outros membros da família. Isso foi importante para o adolescente, pois lhe permitiu perceber que a sexualidade deve ser parte da intimidade de cada um.

É interessante também que essa prática de trazer o(a) namorado(a) para dormir em casa não comece muito precocemente, antes que os adolescentes possam exercê-la com maior maturidade e consciência dos deveres e responsabilidades inerentes ao exercício de uma liberdade sexual maior.

Homossexualismo

A adolescência envolve a descoberta da própria sexualidade adulta e genital, incluindo a orientação sexual dominante do indivíduo. Por ser uma fase de inseguranças e de dúvidas quanto a si mesmo, alguns adolescentes podem experimentar um contato sexual com um parceiro do mesmo sexo, o que não significa necessariamente que ele se tornará homossexual. Muitas dessas experiências nem chegam ao ato sexual, restringindo-se apenas a carícias, beijos e toques com um ou mais parceiros do mesmo sexo e são transitórias.

Já outros adolescentes percebem em si mesmos uma forte tendência homossexual e uma nítida atração por pessoas do mesmo sexo. Muitos desses adolescentes já conseguem definir claramente para si mesmos sua orientação homossexual. Porém, revelá-la ao mundo e, em particular, aos pais e à família, pode ser-lhes mui-

A afirmação da individualidade – Puberdade e adolescência

to difícil, principalmente por medo das reações que essa revelação provocará. Até que consiga fazê-lo, o adolescente viverá muitos conflitos internos, com grande temor de que sua homossexualidade seja descoberta e, em alguns, com um sentimento de inadequação e angústia por se sentir "diferente".

Não é fácil para os pais confrontarem-se com o fato de que seu filho(a) é homossexual. Isso pode significar uma enorme frustração de seus desejos, sonhos e projetos de "um filho". Porém, é importante ter em mente que a homossexualidade não é uma doença, um distúrbio ou uma perversão. Felizmente, a sociedade tem mudado paulatinamente sua antiga visão de que os indivíduos homossexuais são "doentes" ou "anormais". A orientação sexual é resultante de uma complexa interação de fatores biológicos, psicológicos e sociais, e não existe um padrão único que deva ser seguido por todos. A homossexualidade não deve ser tratada com preconceitos, e o mais doloroso destes é aquele que é exercido pela própria família do indivíduo homossexual.

Os pais de um adolescente que se reconhece como homossexual precisarão enfrentar as decepções pessoais em relação ao fato. No melhor dos casos, os pais conseguirão, por fim, aceitar e acolher o filho, sem cobrar dele uma modificação em sua orientação sexual. Quando o adolescente assume a consciência de sua homossexualidade como tendência dominante de sua personalidade, sacrificar essa orientação por causa de pressões familiares e sociais será causa de grande sofrimento e insatisfação em sua vida presente e futura.

Homossexualismo

Nos casos em que o adolescente tem muitas dúvidas quanto à própria orientação sexual, pode ser útil sugerir-lhe uma psicoterapia, a fim de que seus conflitos com relação à sexualidade possam ser resolvidos e ele possa, por fim, fazer sua escolha, movido por seus verdadeiros anseios e tendências, qualquer que sejam eles.

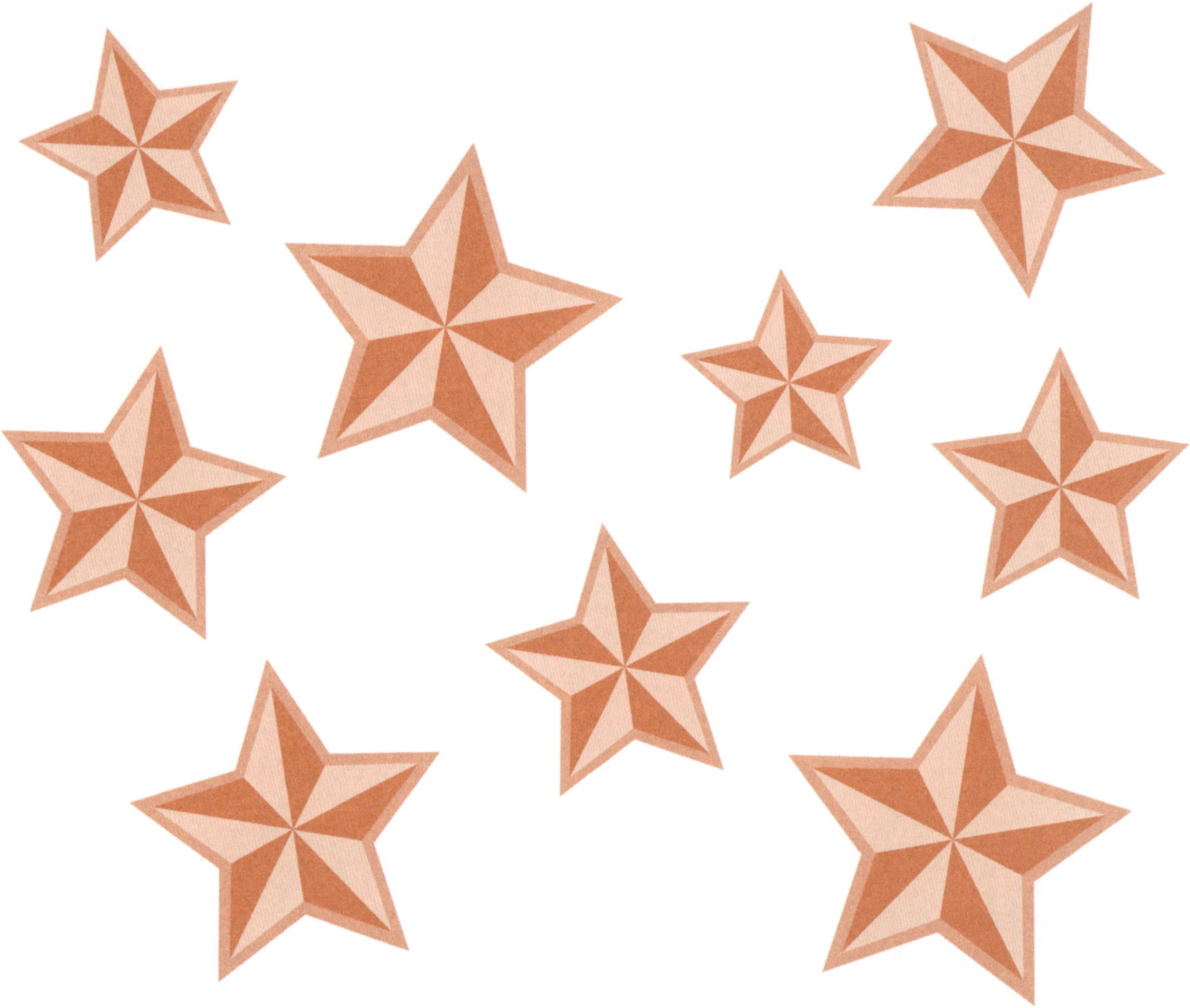

O grupo de amigos

O grupo de amigos é muito importante e valorizado pelos adolescentes, que nele encontram muitas oportunidades de identificações, o que se expressa pela maneira parecida com que se vestem, falam, gesticulam... Isso é significativo para eles, pois lhes dá o sentimento de pertencerem a um mundo "fora" da família, já que estão tentando romper o antigo vínculo infantil com os pais. O grupo proporciona ao adolescente um acolhimento importante, que substitui em parte o acolhimento da família. Eles sentem muito prazer na proximidade com os amigos, na possibilidade de compartilhar com os mais íntimos suas vivências, alegrias e conflitos. Como estão todos vivendo coisas muito parecidas, os adolescentes costumam compreender muito bem uns aos outros, oferecendo entre si apoio e afeto, o que é muito valioso para eles.

A afirmação da individualidade – Puberdade e adolescência

Mas também ocorrem as disputas e as brigas entre adolescentes, por meio das quais eles podem extravasar seus sentimentos de raiva por ciúme, pela sensação de injustiça ou por qualquer outra razão. Muitas dessas brigas são temporárias e fazem parte das idealizações que os adolescentes costumam fazer das relações, que os levam a sofrer fortes decepções.

Assim, um amigo que ontem era "maravilhoso", hoje pode ter-se tornado um "traidor" e amanhã poderá voltar a ser maravilhoso novamente. Com o tempo, os adolescentes diminuem suas idealizações e passam a ver os outros sob um prisma mais realístico, ou seja, que as pessoas não são nem só "maravilhosas", nem só "terríveis e más".

Os pais percebem que quando as brigas não são muito sérias e não envolvem agressões mais violentas, é melhor não interferir, deixando que os próprios adolescentes resolvam suas questões. Eles vão tendo a oportunidade de aprender muitas coisas sobre relações humanas por meio dos vínculos com os amigos. Além disso, a serenidade dos pais para as turbulências normais da adolescência ajuda para que não se acentuem os sentimentos dos adolescentes de que o que lhes ocorre é o "fim do mundo".

Uma coisa que preocupa os pais de um adolescente é quando ele se envolve com amigos que os pais consideram "más companhias". Nesses casos, é importante os pais conversarem com o filho sobre suas preocupações e receios. Por mais que possa defender os amigos, o adolescente é capaz de, no fundo, perceber quando os pais têm razão em suas preocupações. Os pais não poderão proibi-lo de conviver com os ami-

O grupo de amigos

gos, inclusive porque o adolescente provavelmente arranjará um jeito de fazer isso escondido dos pais. Mas se ele puder verificar que os pais não o estão obrigando a se afastar dos amigos, apenas preocupados com sua influência sobre o filho, este poderá refletir sobre o fato e ficar mais imune a essa influência.

Afinal, não devemos esquecer que os filhos adolescentes já assimilaram, durante todos os anos anteriores de sua vida, os valores e ideais familiares, e estes não se perdem nunca, principalmente se foram transmitidos com coerência e consistência. No fundo, os adolescentes saberão avaliar suas atitudes de acordo com os valores absorvidos e, por mais que fiquem temporariamente sob a forte influência do grupo, no final das contas serão esses valores que prevalecerão.

Ao mesmo tempo, é interessante tentar perceber por que o filho está, naquela fase de sua vida, precisando vincular-se às "más companhias". Algumas vezes é apenas para obter prestígio social entre os colegas, outras vezes pode ser uma forma indireta de expressar angústias e sentimentos de revolta que ele esteja vivendo em suas relações familiares. Ou ainda pode ser porque o grupo de amigos possui certas características com as quais ele tem dificuldades para lidar em si mesmo.

Por exemplo, um menino que sempre foi muito bem comportado e responsável começou a andar com alguns amigos que, para surpresa e preocupação dos pais, eram muito agressivos e "aprontavam" muito em todos os lugares por onde andavam. Na verdade, os pais puderam perceber que o filho sempre teve alguma dificuldade para expressar sua própria agressividade e oposição, e o grupo de ami-

A afirmação da individualidade – Puberdade e adolescência

gos estava servindo-lhe naquele momento para tentar ser menos "comportado e obediente", ajudando-o a lidar melhor com aspectos de si mesmo que ele sempre procurou reprimir e conter.

O adolescente vítima de violência

Alguns adolescentes são vítimas de atos violentos cometidos por outros adolescentes. Essa violência pode ocorrer pelo roubo frequente dos pertences do adolescente, ou da intimidação, da ameaça e da ofensa constantes e repetidas. Esses atos podem ser praticados por um adolescente maior ou mais forte, ou ainda por grupos de adolescentes, seja pessoalmente, seja via internet ou por qualquer outro meio.

Nesses casos, os pais devem intervir para tirar o filho da situação de opressão e violência. Essa situação é diferente das brigas e discussões naturais que ocorrem entre adolescentes, em que eles devem ser estimulados a resolver por si mesmos. No caso da violência que estamos considerando, o adolescente é vítima de coação e

A afirmação da individualidade – Puberdade e adolescência

constrangimento insustentáveis, que ele não tem meios de solucionar por si mesmo. O apoio dos pais e sua intervenção imediata são fundamentais para que o adolescente se sinta acolhido e amparado diante de uma situação para a qual ele geralmente se encontra impotente para enfrentar sozinho.

A intervenção dos pais nesses casos precisa envolver o contato imediato com a escola (ou o lugar de onde a violência está partindo), para que os responsáveis pela escola intervenham também e participem da atuação para proteger o adolescente. Não se descarta também a necessidade de mudar o adolescente de escola, quando as medidas tomadas por esta forem insuficientes. Em alguns casos mais dramáticos, chega a ser necessário envolver a polícia e a justiça.

Por exemplo, uma adolescente de 16 anos começou a ser alvo de agressões, ofensas e humilhações, via internet, praticadas por um grupo de adolescentes da escola em que estudava. Esse grupo criou um blog na internet destinado a levar os conhecidos da garota a colocar frases hostis e humilhantes para se referir a ela. A situação ficou dramática para a adolescente, que passou a se sentir muito deprimida e a não conseguir mais frequentar a escola. Até que seus pais viram a necessidade de contratar um advogado para descobrir e provar o envolvimento de um grupo de adolescentes, obrigando-os a retirar o blog, além de fazer com que os responsáveis pelos adolescentes respondessem judicialmente pelos danos provocados à moral e ao psiquismo da jovem.

Pode ser também interessante, nessas situações, sugerir um atendimento psicológico ao adolescente vítima de violência, a fim de que ele receba apoio emocional para

O adolescente vítima de violência

enfrentar a situação e suas consequências. Ao mesmo tempo, esse atendimento pode ser muito útil para ajudá-lo a verificar em si próprio comportamentos e atitudes que, sem que ele percebesse, estimularam ou facilitaram para que a situação de violência se dirigisse contra ele.

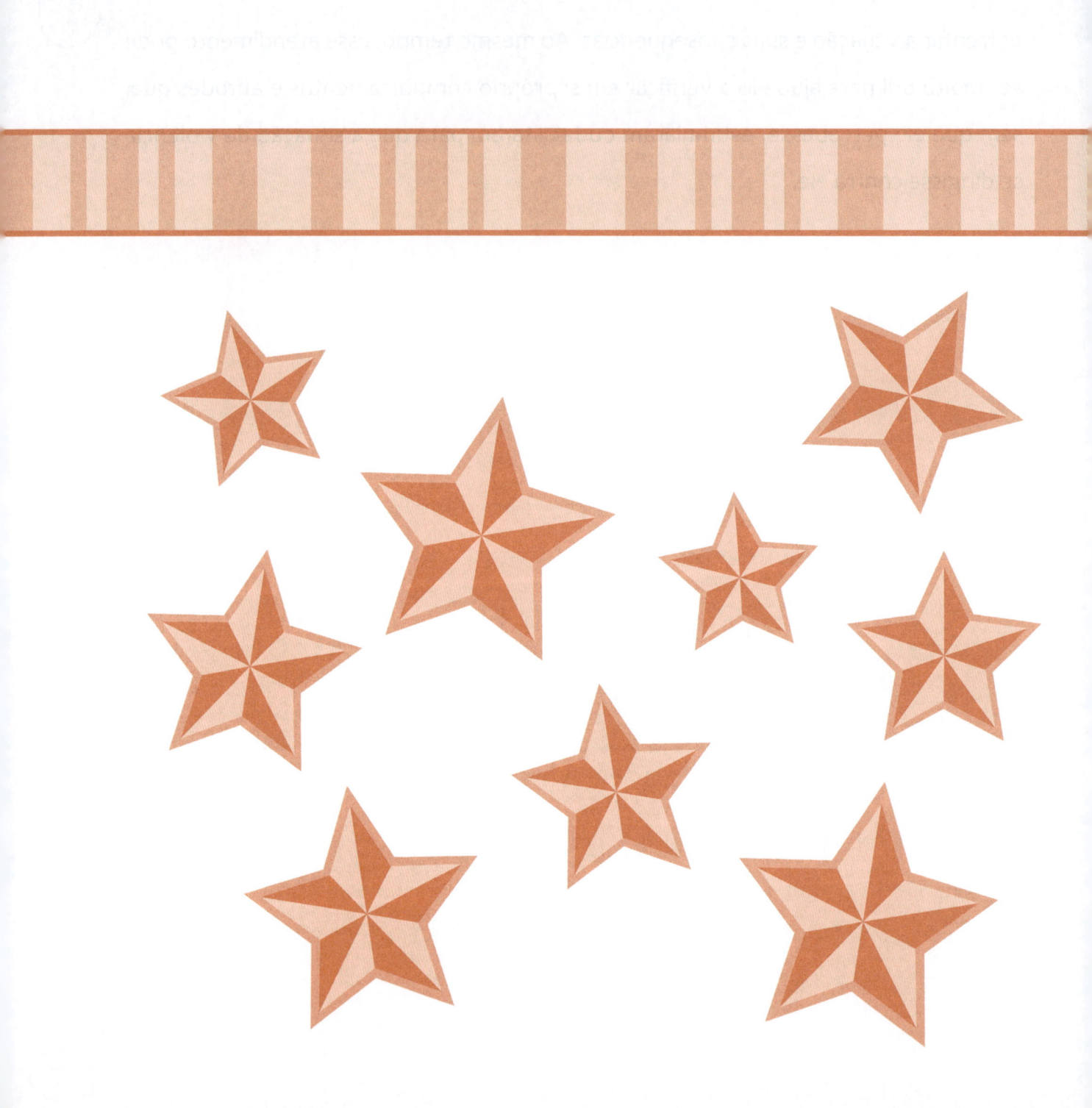

Drogas

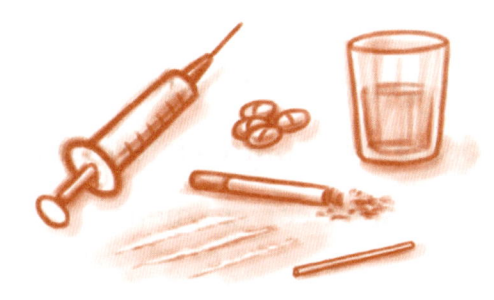

Provavelmente a questão que mais preocupa os pais de adolescentes hoje refere-se ao risco do uso de drogas nessa fase da vida. O fato de os adolescentes procurarem afastar-se da família e de sua influência aumenta o temor dos pais de que o filho se envolva em experiências prejudicais para si mesmo, entre elas, o uso de drogas.

Sabemos que a melhor prevenção para as drogas é aquela feita desde muito antes da chegada da adolescência, por meio do vínculo amoroso e saudável entre pais e filhos, desde o começo da vida, e do fornecimento das condições para que uma criança cresça emocionalmente fortalecida: afeto, acolhimento, segurança emocional, limites... Mas, mesmo com essas condições, muitos adolescentes, pela facilidade do acesso às drogas e pela forte influência do grupo de amigos, acabam experimen-

A afirmação da individualidade – Puberdade e adolescência

tando vários tipos de droga, desde o cigarro e o álcool, até a maconha, o ecstasy e o craque, entre outros.

Muitos adolescentes farão apenas usos ocasionais de um ou mais tipos de droga, mas não se tornarão dependentes delas. Esse uso se dá por diversas razões, como curiosidade, necessidade de transgredir, pressão do grupo de amigos ou até mesmo em virtude de angústias e dificuldades emocionais que o adolescente esteja vivendo no momento. Mas quando o adolescente tem uma estrutura emocional mais fortalecida, uma boa autoestima, outros interesses em sua vida e um convívio familiar sem conflitos excessivos, ele correrá menos riscos de se tornar dependente das drogas.

Os pais sabem que devem conversar com os filhos adolescentes sobre os malefícios das drogas, desde que eles entram nessa fase. Essa é uma forma de prevenção importante que deve ser exercida pelos pais e pelos educadores de adolescentes. E principalmente quando os pais percebem sinais que revelam que o filho está fazendo uso de drogas, devem prontamente conversar com ele e mostrar-lhe suas preocupações com a situação. Esses sinais podem ser olhos avermelhados, mudanças de humor sem causa aparente, excesso de agressividade, insônia ou, ao contrário, muito sono, perda de interesse pelas coisas que geralmente eram atrativas etc. Ao perceberem esses sinais, os pais sabem que não devem se calar. Nesse momento, os filhos precisam deles para conversar sobre o que está ocorrendo, para ajudá-los a abandonar as drogas. Quanto mais cedo, melhor, antes que se desenvolva qualquer forma de dependência mais severa.

Drogas

Os adolescentes podem reclamar contra essa interferência dos pais, brigar com eles e desafiá-los, mas no fundo eles se sentirão cuidados e protegidos pelos pais. Muitas vezes, apesar de se mostrarem seguros e confiantes, os adolescentes estão internamente muito assustados e perdidos, precisando das figuras fortes dos pais para colocar alguma espécie de limite a suas atitudes perigosas e inconsequentes. Por mais rebeldes que eles se mostrem, perceberão que os pais não os abandonaram em nenhuma circunstância, o que lhes dará confiança e segurança fundamentais.

Sabemos que geralmente é mais fácil para os adolescentes conversarem com os pais sobre assuntos como sexo e drogas quando eles não temem ser julgados. A demonstração de preocupação dos pais, de que estão dispostos a ajudar o filho e não a censurá-lo, pode contribuir para que uma conversa fértil e sincera se desenvolva.

É claro que a preocupação dos pais também varia de acordo com o tipo de droga que o filho esteja fazendo uso. O cigarro, por exemplo, gera preocupação bem menor do que as outras drogas. Sabemos que o uso do cigarro é quase geral nessa etapa, que costuma ser experimentado pela maioria das pessoas em algum momento de sua adolescência. Essa pode ser uma forma de o adolescente se afirmar no grupo e também desafiar os pais, mostrando-lhes que eles não são seus "donos" e que ele faz o que quer e não o que os pais querem que ele faça.

Por isso, é melhor quando os pais não fazem um drama ou um "cavalo de batalha" porque viram o filho fumar, reforçando nele, inconscientemente, o desejo de mostrar

A afirmação da individualidade – Puberdade e adolescência

sua independência e rebeldia em relação ao comando dos pais. Conversar com o filho sobre os efeitos maléficos do cigarro para a saúde geralmente é o bastante para que isso se transforme numa experiência temporária e passageira, que tende a passar quando o adolescente se sentir mais seguro de si mesmo e com menor necessidade de se afirmar perante os outros colegas.

O álcool é outro tipo de droga muito utilizado pelos adolescentes na atualidade e que preocupa por seu uso precoce, por causa dos riscos a que expõe os adolescentes de acidentes automobilísticos e pela maior vulnerabilidade, em alguns casos, à dependência.

O álcool tem grande atração para os adolescentes por seus efeitos de inibição temporária das inseguranças, bloqueios e sentimentos depressivos. Por meio do álcool, os adolescentes procuram sentir-se "livres e desinibidos", obtendo uma sensação de alegria e descontração que nem sempre conseguem ter. Além disso, o álcool lhes proporciona um sentimento de "força coletiva", que apaga temporariamente seus sentimentos de solidão, que tantas vezes lhes invadem. Justamente por essas sensações despertadas pelo álcool, seu uso é perigoso, podendo fazer com que o adolescente sinta que essa é sua única possibilidade de obter o bem-estar que ele procura. Também nesse caso, a possibilidade de os pais conversarem com o filho sobre os riscos do uso do álcool e os perigos a que uma pessoa sob efeito do álcool está exposta, é muito valiosa.

Saber que os pais estão ali presentes em sua vida, atentos para com ele e interessados em seu bem-estar, faz com que o adolescente se sinta bem-cuidado. Também quando o adolescente encontra prazer em outras atividades em sua vida, que podem oferecer-lhe o sentimento de ser forte e capaz, por exemplo, nos esportes ou na vida social, a necessidade de recorrer a formas perigosas de obter segurança e autoconfiança é abrandada.

É importante ter em mente que os pais também não devem "idealizar" excessivamente seu filho, supondo que ele nunca vai fumar ou beber, desviar-se em algum momento de regras e normas que eles julgam adequadas. Uma bebedeira isolada, uma festa em que ele se sentiu mal por ter abusado do cigarro, fazem parte das vivências normais nessa fase, que poderão servir para que o adolescente use da experiência para evitar sua repetição futuramente.

Não podemos esquecer também a influência dos modelos familiares no uso dessas drogas. Quando os pais fumam ou têm o hábito de beber com frequência, haverá maior probabilidade de que os filhos iniciem esses mesmos hábitos, inclusive precocemente.

A maconha também passou a ser usada por muitos adolescentes na atualidade. Para alguns, seu uso se restringe a poucas experimentações, que podem ocorrer por mera curiosidade ou por pressão do grupo de amigos. Para outros, o uso da maconha se dá durante um período em que o adolescente se encontra mais vulnerável psicologicamente, por estar vivendo ansiedades e conflitos mais intensos. Muitos desses adolescentes interrompem o uso da maconha quando conseguem se fortalecer e superar o período mais angustiante. Já outros adolescentes se tornam dependentes da droga e passam a fazer uso dela de forma abusiva e frequente. O comportamento

A afirmação da individualidade – Puberdade e adolescência

desses adolescentes passa a mudar, podendo haver perda de concentração, de motivação, indiferença em relação aos acontecimentos a seu redor, acarretando prejuízos em diversas esferas de sua vida, como a escolar, social e psicológica. O perigo de que o adolescente passe a fazer uso de outras drogas mais "pesadas", como o craque, o ecstasy, a cocaína, entre outras, encontra-se sempre presente.

Como agir em situações como essas? Na fase adolescente, os filhos ainda precisam muito dos pais. Não para controlá-los e submetê-los a seus desejos, mas como presenças interessadas e acolhedoras, disponíveis tanto nos momentos de avanços e conquistas, como naqueles de dificuldades e perturbações, como é o caso da situação em que o filho esteja fazendo uso de drogas. Nessa situação, os pais necessitam mostrar ao filho que eles "estão lá", atentos e preocupados, disponíveis para ajudá-lo a sair desse caminho. Sem censuras e recriminações, os pais fornecem apoio e amparo ao filho, podendo recorrer à ajuda externa, como de médicos, psicoterapeutas e clínicas especializadas, se for necessário.

Educação e limites

Aparentemente, os adolescentes agem como se nunca precisassem dos pais. Costumam querer tomar todas as decisões sobre sua vida, acreditando que são plenamente capazes de tudo. É importante, porém, que os pais não caiam nessa "armadilha" que os filhos adolescentes criam em volta de si. Eles ainda precisam muito dos pais, embora não possam reconhecê-lo abertamente, pois isso significaria assumir uma dependência que, embora seja relativa, eles não suportam admitir.

A função educativa dos pais ainda é muito necessária nessa fase. Os adolescentes precisam sentir que os pais estão presentes em sua vida e que não abdicaram de suas funções parentais. Em muitos momentos pode ser necessário colocar limites aos adolescentes, quando então os pais têm de dizer "não" a eles e enfrentar as reações

A afirmação da individualidade – Puberdade e adolescência

impetuosas e inflamadas que surgem. Os adolescentes precisam sentir os pais fortes e seguros, sabendo que não conseguem derrubá-los e destituí-los de seu lugar de pais e autoridades dentro do lar.

Isso não quer dizer que não deve haver flexibilidade no trato com os adolescentes. Pelo contrário, o diálogo e as tentativas de "negociação" são muito produtivas no convívio pais-filhos adolescentes. Porém, existem situações e circunstâncias que exigem uma postura firme dos pais, seja para proteger o respeito à família e aos outros, para conter atos impulsivos do filho ou até mesmo para proteger o próprio adolescente de uma situação de risco.

Por exemplo, um adolescente de 18 anos, ainda bastante imaturo, havia acabado de tirar sua carteira de motorista e brigou muito com os pais porque eles não o deixaram viajar de carro até o litoral, levando os amigos com ele. Os pais argumentaram que não se sentiam seguros de deixá-lo guiar na estrada, já que ele tinha pouquíssima prática na direção de um automóvel. Mas nada convencia o adolescente, que afirmava ser perfeitamente capaz de realizar essa aventura. Até que os pais precisaram dizer "não" categoricamente e colocar, assim, um fim à discussão.

Esse é um exemplo comum de como os pais precisam intervir para proteger o adolescente, tanto de perigos externos, como também de sua própria "onipotência". Os adolescentes possuem fortes sentimentos de onipotência. Eles acham que podem tudo, que são capazes de tudo, que nada jamais lhes acontecerá e que nada poderá afetá-los. Esses sentimentos tornam-se ainda mais poderosos quando estão em grupo! Portanto, a interferência dos pais nesses momentos serve também para ajudar os adolescentes a se tornarem mais conscientes da realidade e de seus próprios limites.

O pai representa uma figura de autoridade que oferece, em muitos momentos, um importante apoio à autoridade da mãe. Em algumas circunstâncias pode ser difícil para a mãe impor sozinha sua autoridade aos filhos adolescentes, pois estes testam os pais e costumam desafiá-los.

Por exemplo, uma menina de 14 anos começou a brigar com sua mãe porque queria trocar seu celular por outro mais novo e igual ao de uma amiga sua. A mãe disse-lhe que não poderia fazer isso agora, por motivos financeiros, mas que no próximo Natal ela lhe daria um celular novo de presente. A menina não aceitou, dizendo que não esperaria até o Natal, pois seu celular estava velho e feio. Diante da recusa da mãe, a menina começou a gritar com ela e ofendê-la com xingamentos e insultos.

Nesse momento o pai, que presenciou a discussão, mas não tinha interferido até então, percebeu que ele e a esposa precisavam adotar uma postura mais firme, para "brecar" os avanços da filha em sua agressão à mãe pela frustração que, naquele momento, estava sendo vivida pela menina como insuportável. Disse firmemente a ela que parasse de gritar e insultar a mãe e que fosse para seu quarto, e lá permanecesse até se acalmar e conseguir aceitar a resposta negativa da mãe para seu pedido.

A afirmação da individualidade — Puberdade e adolescência

As atitudes dos filhos, como desrespeito excessivo ou agressividade, além de certos limites, precisam ser contidas pela força da autoridade paterna, aliada à autoridade materna. A interferência do pai pode ser essencialmente necessária para pôr fim a um processo que, se mantido, traria consequências prejudiciais para todos.

Quando o adolescente não obtém esse freio dos pais, ele pode sentir-se perdido e abandonado. Nesse caso, ele pode manifestar suas angústias e inseguranças por meio de vários tipos de comportamento, entre eles a delinquência e o comportamento autodestrutivo. Neste último caso, temos como exemplo os adolescentes que ferem partes do próprio corpo ou se expõem a riscos constantes, como dirigir em alta velocidade, frequentar lugares perigosos e fazer uso de drogas. Muitas vezes, por trás desses comportamentos existe um pedido, inconsciente, de ser visto e cuidado pelos pais, ao tentar provocar neles preocupações e intranquilidades.

É importante lembrar que o apoio do pai à autoridade materna é fundamental também nos casos de pais separados. Mesmo não vivendo na mesma casa que os filhos, o pai que ajuda a mãe na educação e imposição de limites aos filhos contribui para seu desenvolvimento sadio. A mãe pode colaborar para que isso aconteça, permitindo que o pai seja presente na vida dos filhos e evitando desautorizá-lo ou denegrir sua figura frente a eles. Apesar de separados, os pais permanecem como as pessoas mais importantes e fundamentais para garantir a condução saudável do crescimento dos filhos.

Educação e limites

Mas não é sempre que os pais precisam intervir com rigor na educação dos filhos adolescentes. Existem situações em que eles podem ser mais maleáveis. Pequenas falhas e deslizes, por exemplo, podem ser tratadas com maior flexibilidade e tolerância. Também nesses casos a conversa com os filhos os ajuda a refletir sobre os fatos para não incorrerem novamente nas mesmas falhas. Um dia que o adolescente chegou mais tarde do que havia prometido, que "esqueceu" de fazer a lição de casa, que faltou na aula de inglês, são situações em que uma conversa sobre os motivos do ocorrido pode ser mais útil do que uma bronca ou um castigo.

Atitudes como pequenas irresponsabilidades e intolerância à frustração fazem parte de uma imaturidade "normal" da adolescência. Os adolescentes ainda não atingiram os níveis de maturidade da vida adulta, apesar de procurarem afirmar que já são grandes e adultos. Mas eles estão nesse caminho, basta esperar que o tempo e as experiências de vida façam seu trabalho. O que podemos fazer é acompanhá-los, não há como apressar os processos naturais e nem seria bom, pois haveria o risco de "atropelar" aquilo que deve ocorrer passo a passo.

Todos os pais desejam que, após um processo educacional bem-sucedido, chegue um estágio em que não seja mais necessário ensinar os filhos sobre o que devem ou não devem fazer, sobre o que é certo e errado, pois eles já "internalizaram" firmemente tudo o que lhes foi transmitido. E isso de fato acontece, quando então o autocontrole e a autodisciplina se estabelecem como recursos pessoais.

A afirmação da individualidade – Puberdade e adolescência

Os resultados de uma educação amorosa e compreensiva são revelados pela felicidade dos filhos e por sua adaptação harmoniosa com a sociedade, sem a perda da espontaneidade e do sentimento de ser verdadeiro, fazendo com que os pais possam ter a sensação de tarefa cumprida.

As conversas entre pais e filhos

Nem todos os adolescentes gostam de conversar com os pais. Muitos parecem um verdadeiro "túmulo" com os pais e só se abrem e compartilham suas experiências com os amigos. Muitos pais sentem-se frustrados com esse comportamento do filho adolescente, pois gostariam de aproximar-se mais dele. Outros adolescentes já são de conversar mais com os pais ou com um deles. Gostam de contar suas aventuras e alguns até suas intimidades.

Seja como for, os pais percebem que não é uma boa prática "forçar" qualquer conversa com o filho. É preciso deixar que ela ocorra naturalmente, o que pode ocorrer em alguns momentos em que o adolescente sinta a necessidade e o desejo de conversar com seus pais.

A afirmação da individualidade – Puberdade e adolescência

Quando percebe que os pais vão escutá-lo sem críticas e sem tentar impor sua opinião, fica mais fácil para o adolescente aproximar-se dos pais para expor algo de si. Muitos podem buscar uma conversa com os pais que possa ajudá-los em alguma questão de sua vida que os esteja afligindo.

Por exemplo, um menino de 13 anos sentou-se ao lado do pai, que estava lendo jornal, e começou a falar com ele, demonstrando preocupação em sua fala. O pai interrompeu sua leitura para ouvir o filho, que passou a relatar, com certa timidez, que alguns de seus amigos estavam fumando maconha. O pai perguntou-lhe o que ele achava disso, e o filho respondeu que não achava bom fumar maconha, mas que não queria afastar-se dos amigos, pois gostava deles.

O menino expôs assim ao pai seu conflito: condenava os amigos pelo uso da maconha, mas não queria ter de se separar deles por causa disso. Esse menino era muito ligado ao pai, de quem absorveu muitos valores e ideais, e o uso de drogas era condenado pelo pai, assim como por ele. Porém, os amigos lhe eram importantes e, supondo que o pai desejaria que ele se afastasse deles, o menino estava angustiado. No entanto, o pai disse-lhe apenas que não se deixasse levar "na onda" dos amigos experimentando a maconha, mas que ele não precisava afastar-se deles por causa disso.

O filho sentiu-se extremamente aliviado, pois, devido a sua forte ligação com o pai, precisava obter dele a "permissão" para continuar a conviver com os amigos. A partir disso, pai e filho puderam conversar sobre drogas e sobre amizades, o que foi muito benéfico para o filho, permitindo-lhe resolver um conflito interno e obter um ganho para seu amadurecimento.

Mas alguns adolescentes são tão fechados que nunca levam seus conflitos e angústias para os pais. Às vezes, os pais percebem que algo está perturbando o filho, mas não conseguem "tirar" nada dele. Nesses casos, os pais não têm muito que fazer, a não ser esperar que em algum momento surja a possibilidade de uma aproximação com o filho.

O pai de um adolescente encontrou um meio interessante de conversar com seu filho. Este era muito fechado e quase não falava com ninguém de sua família. Os pais percebiam que o filho tinha uma espécie de "barreira" para se aproximar deles, para se abrir e contar qualquer coisa sobre si mesmo, sobre seus sentimentos e suas experiências. Eles respeitavam esse isolamento do filho, mas ao mesmo tempo se preocupavam, pois ele parecia fechar-se cada vez mais para a família.

Aconteceu que um dia a escola chamou os pais desse adolescente, pois ele e um colega de classe haviam brigado seriamente, a ponto de o colega ter ficado com o olho roxo. Os pais ficaram perplexos, não sabendo o que fazer. Quando chegaram em casa, foram falar com o filho sobre o ocorrido. Este ficou furioso, disse que ninguém tinha nada a ver com o que aconteceu e se fechou no quarto.

Naquele mesmo dia, o pai desse adolescente saiu para trabalhar, mas estava muito angustiado com a situação. Percebia que algo com o filho não andava bem, mas não sabia como se aproximar dele e muito menos como ajudá-lo. O pai perma-

A afirmação da individualidade – Puberdade e adolescência

neceu muitas horas do dia com sua angústia, até que resolveu mandar um *e-mail* para o filho, escrevendo-lhe que estava preocupado com ele, que só queria que conversassem e que não pretendia julgá-lo pelo que aconteceu na escola. Ele sabia que o filho ficava muitas horas no computador em casa e que frequentemente lia seus e-mails.

Para sua surpresa, o filho respondeu à mensagem do pai! E, para sua surpresa ainda maior, contou ao pai como foi a briga com o amigo! O pai, entusiasmado com a resposta positiva do filho a sua aproximação, continuou a mandar-lhe mensagens via e-mail, dando prosseguimento à conversa. Para encurtar a história, pai e filho tiveram um longo "papo", tudo por e-mail!

Esse foi o primeiro de vários outros dias em que eles se corresponderam via e-mail. Foi essa a única forma de o filho conseguir, pelo menos nessa fase adolescente, comunicar-se com seu pai. Este percebeu que o filho passou a sentir muito prazer em ficar conversando com ele, mas não conseguia fazê-lo pessoalmente. Precisou da intermediação de um computador. Mas nem por isso a proximidade obtida entre pai e filho foi menos valiosa para ambos.

Por esse exemplo, podemos pensar também que o prazer na conversa, no "papo" livre, franco e aberto, vem em parte da experiência de que as conversas com os pais não precisam sempre terminar em "bronca", "sermão", julgamento ou cobrança. É claro que muitas vezes os adolescentes precisam de uma repreensão. Mas sabemos que nem sempre isso é necessário. Muitas conversas são bem mais estimulantes e in-

As baladas, as saídas de madrugada...

teressantes para eles, se puder haver um diálogo com os pais, uma troca de ideias e até uma compreensão, por parte destes, do que os filhos estão pensando, expressando e vivenciando.

Sabemos que os adolescentes costumam retrair-se quando se sentem invadidos em sua privacidade. Necessitam ter sua intimidade preservada, seus segredos que não querem revelar a ninguém. Quando sentem que os pais respeitam e compreendem isso, fica mais fácil para eles conversar com os pais, tendo a certeza de que a conversa só avançará até o ponto em que desejarem e até onde não corram o risco de ver sua privacidade ameaçada.

Existem também momentos em que o adolescente quer apenas ser ouvido pelos pais, quer expor algo de si, mas não espera nenhum comentário ou opinião dos pais. Um exemplo interessante disso ocorreu com uma adolescente de 14 anos e sua mãe. Enquanto estavam no carro voltando da escola, a filha começou a contar à mãe que havia brigado com uma colega de classe e detalhou as razões e as circunstâncias da briga. A mãe ficou muito angustiada e começou a dar diversos conselhos à filha, dizendo-lhe como ela poderia conversar com a amiga no dia seguinte, que ela poderia contar o ocorrido à professora etc. A filha então interrompeu a mãe e disse:

– Mãe, não precisa me dizer o que fazer, eu só queria que você me escutasse!

Naquele momento, a filha queria apenas compartilhar com a mãe o fato ocorrido e "colocar para fora" suas angústias diante da situação. Talvez a mãe tenha se misturado um pouco com a vivência da filha e não conseguiu manter o afastamento necessário para poder simplesmente "ouvi-la" naquele momento.

A afirmação da individualidade – Puberdade e adolescência

A escuta atenta, interessada e respeitosa ao que os adolescentes desejam comunicar pode ser muito significativa para eles. Rir e zombar do que eles contam, tentar impor uma opinião sobre o que devem fazer ou invadir sua intimidade são atitudes que podem levar o adolescente a se retrair ainda mais, fechando-se em um "casulo" próprio. O adolescente precisa ser visto como uma pessoa cujos sentimentos, necessidades e experiências são considerados por aqueles que o cercam.

As baladas, as saídas de madrugada...

As baladas estão entre os programas preferidos dos adolescentes. Elas representam um lugar de liberdade onde, longe dos adultos, eles podem viver diversas experiências, que vão desde o prazer de dançar, conhecer outros adolescentes, "ficar", até fazer uso de drogas e consumir grandes quantidades de álcool.

Os pais costumam ficar em dúvida se devem deixar o filho frequentar baladas e, quando deixam, se devem colocar algum tipo de limite. O hábito dos adolescentes de saírem tarde da noite e passarem a madrugada fora de casa, em lugares onde o consumo de álcool e drogas é frequente, deixa os pais apreensivos e alarmados.

Ao lidarem com essa situação, os pais vão percebendo que o ideal é não cair em extremos. De um lado, impedir que os filhos frequentem baladas cria conflitos inten-

A afirmação da individualidade – Puberdade e adolescência

sos entre pais e filhos e revela uma inflexibilidade e um rigor excessivo por parte dos pais. Estes podem tomar como base a educação que eles próprios tiveram, sem atentar para as mudanças da atualidade, na qual novas práticas vão tomando o lugar dos antigos hábitos. Para o adolescente, ser impedido de realizar coisas que seus pares realizam pode trazer muito sofrimento, gerando-lhe um sentimento de exclusão da realidade de sua própria geração.

De outro lado, deixar os filhos adolescentes totalmente livres e sem qualquer limite para realizarem o que bem entendem é não levar em conta a necessidade que eles têm de serem cuidados pelos pais.

Para pesar as decisões quanto a essas questões, os pais precisam levar em conta, necessariamente, a idade e o grau de amadurecimento de seu filho. Quanto mais novo e imaturo, mais o adolescente requer um acompanhamento mais próximo dos pais. A frequência a baladas pode ser inicialmente permitida com limites de horários, que podem ir, com o tempo, flexibilizando-se. Levar e buscar o filho para os programas noturnos, ou ter algum adulto responsável para fazê-lo, pode ser um meio de cuidar do adolescente enquanto ele é mais novo. Dessa forma, o adolescente percebe que os pais estão zelando por ele, protegendo-o de riscos enquanto ele não tem todas as condições para fazê-lo sozinho, mas ao mesmo tempo não o impedem de ter sua vida social e suas experiências.

Uma boa maneira de os pais ajudarem o filho adolescente a criar as condições para que, após algum tempo, ele possa por si mesmo avaliar os riscos envolvidos em suas

As baladas, as saídas de madrugada

experiências e se proteger contra eles é conversar sobre isso. Os pais podem mostrar ao filho as situações que ele deve evitar, por exemplo, aceitar bebidas e outras drogas que lhe forem oferecidas, sair das baladas com pessoas desconhecidas ou embriagadas, beber em demasia etc.

Tais conversas vão criando no adolescente maior consciência das situações que ele pode encontrar e maior capacidade de adotar medidas de autoproteção. Dessa forma, os pais "emprestam", por assim dizer, sua maior experiência e capacidade de pensamento e reflexão ao filho, até que ele se torne possuidor dessas mesmas capacidades, ajudado pelo amadurecimento progressivo e pela internalização segura dos pais como suas principais referências.

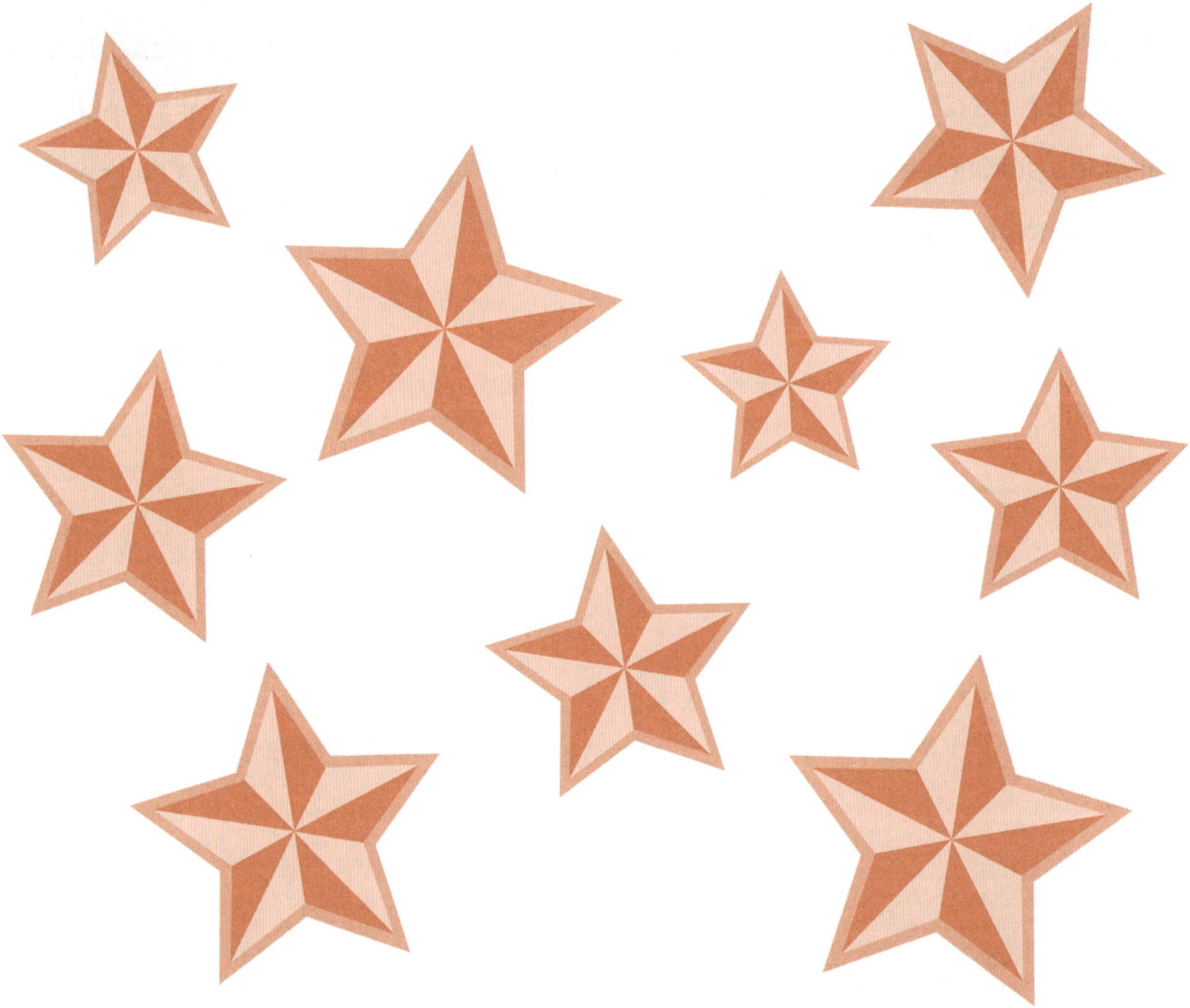

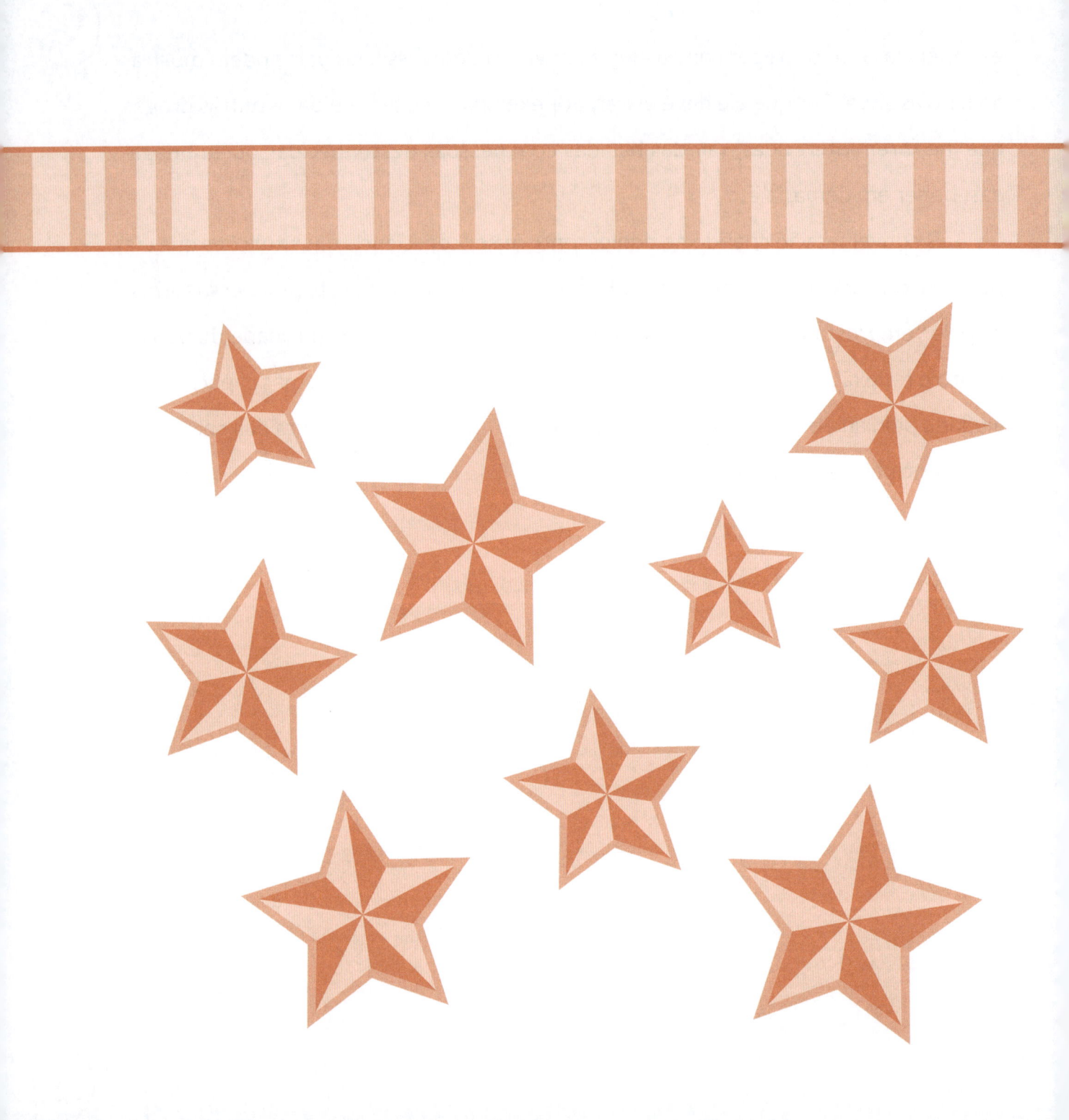

O sono na adolescência

Os adolescentes têm muita necessidade de dormir. Precisam de muitas horas de sono, mas nem sempre reconhecem isso. Eles costumam gostar de dormir tarde e necessitam acordar muito cedo para entrar na escola. A falta de sono adequado gera muitos problemas, como falta de atenção e concentração, distúrbios de humor e dificuldades de aprendizagem.

Em parte, a falta de sono é compensada aos finais de semana. Nestes, os adolescentes costumam dormir por muitas horas, a fim de obter o repouso de que necessitam. É também a ocasião de "trocar o dia pela noite", o que os adolescentes adoram fazer.

Dormir de dia e ficar acordado à noite é um hábito muito apreciado na adolescência, que pode ser realizado aos fins de semana e nas férias escolares. Isso se deve ao

A afirmação da individualidade – Puberdade e adolescência

fato de que o dia está associado, para os adolescentes, a obrigações, trabalho, escola, exigências, ou seja, ao mundo dos pais e dos adultos, do qual eles sentem necessidade de se distanciar. Já a noite se associa à liberdade, ao prazer, ao contato com outros adolescentes e ao distanciamento do controle dos adultos.

Muitos pais ficam incomodados com esse hábito dos adolescentes nos fins de semana e nas férias, mas é importante perceber que ele tem um sentido nessa fase do crescimento. Ajudar para que o filho se acostume a dormir bem à noite durante o período escolar é importante para seus estudos, sua saúde e bem-estar. Porém, fora do período escolar, os pais vão percebendo que podem dar maior liberdade ao filho para que ele oriente seu próprio sono em função de seus desejos e da forma que lhe dá mais prazer. Só há razão para preocupação se o adolescente passa seus fins de semana e suas férias dormindo excessivamente e isolado do mundo social.

A escolha da profissão

Nessa fase da vida, os adolescentes enfrentam uma difícil tarefa, que é a de escolher uma profissão. Trata-se de uma escolha importante, e para fazê-la com algum grau de segurança e convicção, o adolescente terá de fazer um "mergulho" em si mesmo, a fim de eleger uma profissão que corresponda a seus reais interesses, que combine com sua personalidade, seus gostos, suas características pessoais.

A principal dificuldade para isso é que o adolescente ainda está se descobrindo, ele está em processo de autoconhecimento. Somando-se a isso, há o fato de que ele se encontra em uma fase de relativa imaturidade, o que dificulta uma escolha profissional mais madura e realista, sem a interferência de muitas idealizações e ilusões. Por isso, são muito comuns as escolhas que levam o adolescente a se arrepender posteriormente, ao

A afirmação da individualidade – Puberdade e adolescência

se deparar com a desilusão diante da realidade de que o curso e a profissão que ele escolheu não correspondem a suas antigas ideias imaginadas e idealizadas. Muitas vezes o jovem terá de mudar sua escolha e é melhor que ele o faça logo e procure descobrir qual a profissão que de fato corresponde a seus interesses, para que não se veja obrigado a levar futuramente uma vida profissional frustrante e insatisfatória para ele.

Os pais podem ajudar o filho adolescente em sua escolha profissional. Conversar com ele sobre suas preferências, ajudá-lo a conhecer mais profundamente as diversas profissões e pensar quais delas se ajustam melhor a seus gostos e aptidões, é um bom auxílio que os pais podem dar ao filho. Se perceberem que o momento da escolha está próximo e o filho ainda está muito confuso e perdido, os pais podem estimulá-lo a fazer uma orientação profissional, ou mesmo a esperar um pouco mais até que tenha maior certeza do que quer.

No entanto, é muito importante evitar a tentativa de persuadir o filho a escolher uma profissão que os pais apreciam e valorizam ou pressioná-lo em alguma direção profissional.

É claro que todo pai e toda mãe têm seus "sonhos" para os filhos e nesses sonhos podem incluir as expectativas profissionais que os próprios pais sempre nutriram para si mesmos. Talvez eles desejem que o filho seja um grande médico, ou um advogado famoso, ou ainda um diplomata que viaje pelo mundo. Mas esses são os sonhos dos pais e podem não ser os do filho, sendo importante que os pais possam perceber isso e aceitar as escolhas do filho.

A escolha da profissão

Muitos adolescentes escolhem a profissão de um dos pais. Isso é natural e indica que o filho vê no pai ou na mãe alguém que ele valoriza muito e com quem ele deseja se identificar. Mas é sempre importante que o adolescente possa basear-se principalmente em si mesmo para fazer sua escolha profissional, para que assim ele consiga encontrar-se na atividade que vier a realizar, sentindo-se autêntico e verdadeiro e percebendo que sua vida vai construindo-se de acordo com seus reais desejos e aspirações.

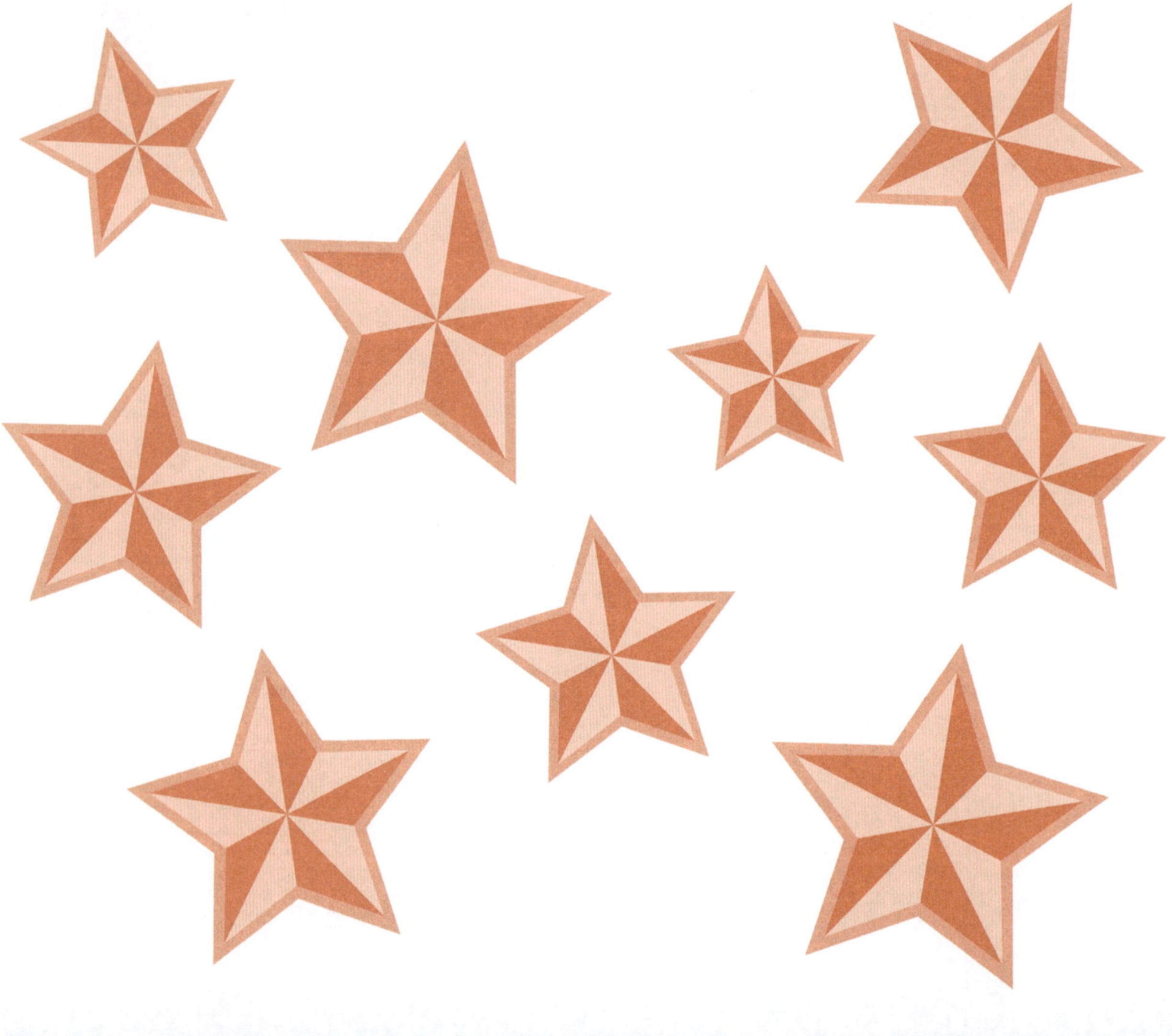

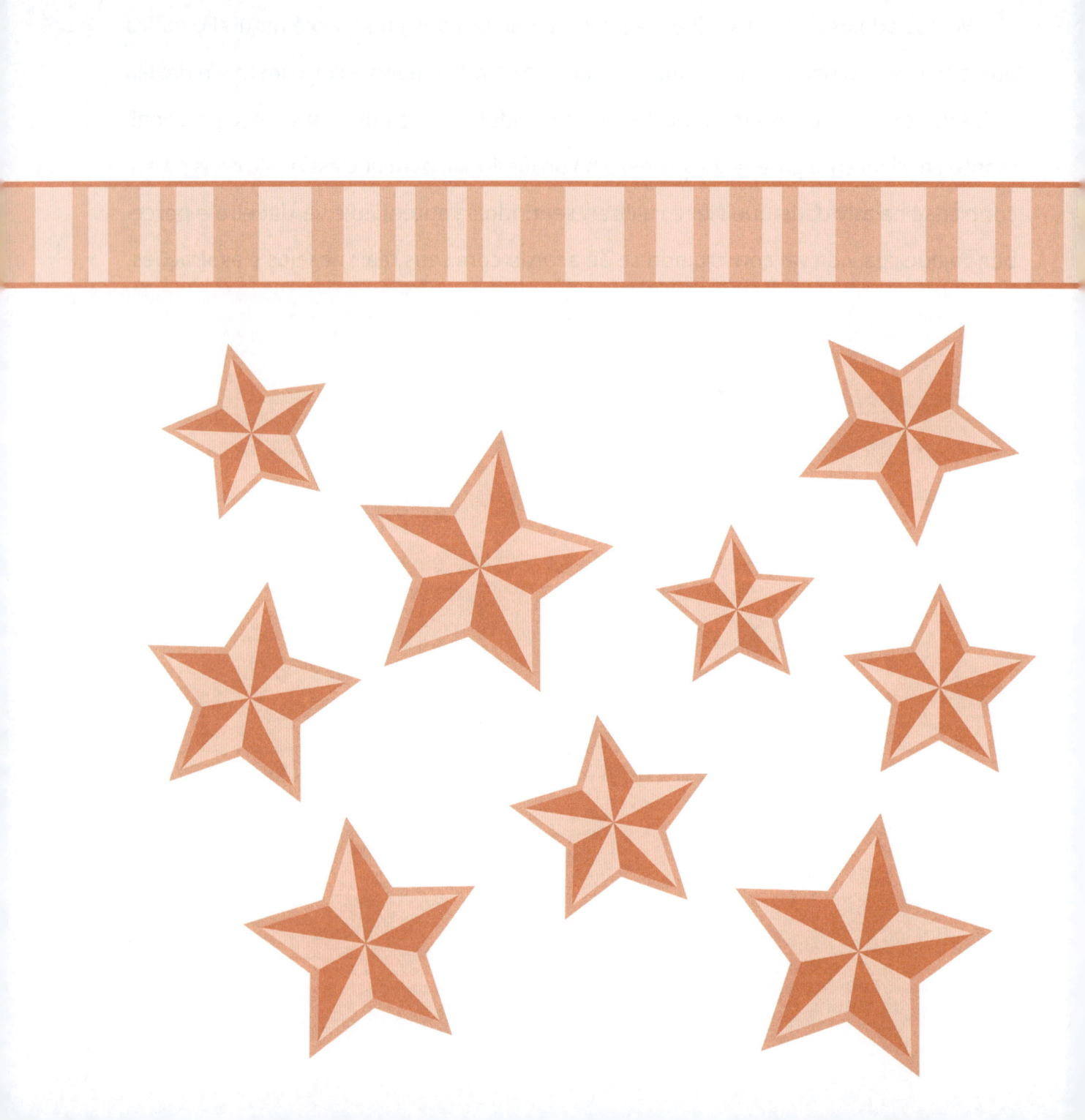

Os distúrbios de comportamento

A adolescência é uma etapa em que a "anormalidade" é a regra. Isso quer dizer que é natural que o adolescente apresente, vez por outra, algum pequeno distúrbio de comportamento. Passar por fases em que está mais agressivo, deprimido ou desorientado, por exemplo, faz parte das características desse período.

A dificuldade para lidar com as grandes transformações dessa fase pode gerar algum "sintoma" no comportamento do jovem adolescente. Nesses casos, geralmente basta esperar um pouco para que, à medida que ele vai enfrentando melhor a situação psicológica que o está angustiando, o sintoma desapareça.

Um exemplo dessa situação é de uma adolescente de 14 anos que passou a apresentar o comportamento "obsessivo" de arrumar metodicamente seu quarto. Ela não

A afirmação da individualidade – Puberdade e adolescência

suportava ver nada fora de lugar e fazia questão que ninguém mexesse na organização que dava a suas roupas e objetos pessoais. Os pais preocuparam-se com esse comportamento da filha, que não é muito comum nessa fase e não correspondia a sua forma de ser antes da adolescência.

Porém, esse comportamento da adolescente foi aos poucos desaparecendo. Após algum tempo, ela se tornou uma "adolescente típica", como os pais disseram. Não se preocupava mais tanto com a arrumação do quarto e com a organização de suas coisas.

Essa menina começou a apresentar esse comportamento de arrumar metodicamente seu quarto no início da adolescência, em um momento em que estava angustiada e assustada com o desabrochar intenso de sua sexualidade. Arrumar o quarto era uma maneira substituta de, inconscientemente, tentar conter e controlar um pouco seus impulsos sexuais que vinham ganhando força nesse período. É claro que a menina não se dava conta conscientemente dessas razões de seu comportamento. Mas à medida que ela foi crescendo um pouco mais, conseguindo lidar de modo mais harmonioso e tranquilo com sua sexualidade, o comportamento deixou naturalmente de existir.

No entanto, alguns adolescentes podem demonstrar que estão atravessando essa fase com uma dose maior de sofrimento e angústia, sem conseguir superar sozinhos os conflitos que emergem. Muitas vezes, o jovem chega à adolescência trazendo as dificuldades que, nos anos anteriores da infância, não puderam ser solucionadas. An-

Os distúrbios de comportamento

tigos conflitos vêm à tona nesse período em que o adolescente precisa enfrentar os desafios da nova fase. Essa situação emocional, se persistente, enfraquece o jovem para fazer face a todas as mudanças trazidas pela adolescência.

Esses adolescentes precisam de ajuda para compreender o que está ocorrendo com eles. Eles desconhecem as causas de sua angústia e não sabem os motivos reais que causam suas perturbações. Assim, por exemplo, o adolescente não sabe explicar por que está brigando violentamente com todo mundo, por que não quer mais sair de casa, por que está cometendo roubos, por que desenvolveu uma anorexia ou uma alergia de fundo emocional. O significado de seus distúrbios precisa ser encontrado em seu mundo interior inconsciente.

Nesses casos, pode ser necessário sugerir ao adolescente fazer uma psicoterapia, mas sabendo que muitas vezes ele pode não aceitar a necessidade de procurar ajuda. É difícil para os adolescentes reconhecerem seus problemas e dificuldades, pois isso envolve assumir suas fraquezas e vulnerabilidades, o que é penoso para eles. De qualquer modo, os pais podem apresentar essa possibilidade ao filho, esperando que em algum momento ele possa agarrá-la. Seja como for, para que qualquer tipo de ajuda ao adolescente seja eficaz, é necessário que ele mesmo queira ser ajudado, mesmo que, em princípio, ele não reconheça isso abertamente.

Ser pai e mãe de filhos adolescentes

A adolescência dos filhos costuma afetar emocionalmente os pais. É sempre um desafio lidar com os filhos nessa fase, com sua rebeldia e oposição, com seus desejos de independência, com suas grandes flutuações de humor. Se em um momento eles se mostram encantadores e deliciam os pais com suas conversas maduras e interessantes, trazendo à família as novidades do mundo jovem, em outros se tornam "emburrados", arredios, e agridem a todos por qualquer motivo.

Os pais sentem-se perdidos diante das rápidas transformações no comportamento do filho e percebem que não há muito que fazer, apenas esperar que o tempo os "cure" dessa "síndrome normal". A mãe de um adolescente reclamava muito do

A afirmação da individualidade – Puberdade e adolescência

filho adolescente ao marido, pois dizia que nunca sabia como iria encontrá-lo quando chegasse em casa, se feliz e disposto, ou agressivo e "rabugento". O marido respondia-lhe apenas:

– Não se preocupe! Um dia ele se cura dessa "doença" chamada adolescência!

Essa fase da vida dos filhos provoca nos pais muitos sentimentos contraditórios. Se, por um lado, eles se sentem felizes e recompensados por verem o filho crescer e se aproximar da vida adulta, por outro lado podem desejar, em seu íntimo, que ele permanecesse para sempre criança. Uma mãe de três filhos sentiu muito prazer ao ver seus dois filhos mais velhos chegarem à idade adulta, porém, quando o mais novo atingiu a adolescência, ela percebeu que procurava reforçar nele um lado mais infantil, estimulando sua dependência em relação a ela. Ela se deu conta de que estava sofrendo por perder seu "último bebê", como ela mesma expressou.

A separação que os filhos adolescentes necessitam fazer dos pais pode gerar nestes um sentimento doloroso, a vivência de uma "perda". Alguém disse uma vez que os pais vão ficando "órfãos" dos filhos conforme estes vão crescendo. E é assim mesmo que eles se sentem ao notarem que não possuem mais suas crianças pequenas para cuidar, levar na escola, preparar a lancheira, acompanhá-los em todos os passeios...

Junto com tudo isso, há ainda o fato de que os pais constatam o próprio envelhecimento. E ao lado está o filho, com toda juventude à flor da pele! Sentimentos de competição dos pais em relação ao filho podem aparecer naturalmente e, por que não, de inveja também!

Ser pai e mãe de filhos adolescentes

Por exemplo, na véspera da festa de 15 anos de sua filha, a mãe da aniversariante sonhou que a festa foi destruída e tudo desmoronava diante de seus olhos. Angustiada com o sonho, ela depois se deu conta de que ele expressou sua inveja da filha, que irradiava beleza e mocidade em seus 15 anos de idade. A festa representava a comemoração do esplendor de sua juventude, o que provocava sentimentos mistos de alegria e inveja na mãe.

Essa fase na vida dos filhos também remete os pais a sua própria adolescência, que pode ter sido muito conflituosa para eles. Virão à tona angústias passadas, conflitos nem sempre superados, antigos temores. Eles podem "colocar" no filho, sem perceber, suas próprias angústias e inseguranças da época em que eram adolescentes.

Por exemplo, o pai de um garoto de 16 anos ficava muito aflito quando o filho passava o fim de semana em casa e sugeria-lhe insistentemente que saísse com seus amigos. Também lhe propunha sempre que os convidasse para virem em sua casa e, quando o filho não queria, ele lhe perguntava o motivo e mostrava-se preocupado pelo filho não ter amigos.

Essa atitude do pai começou a incomodar o adolescente, pois ele não fazia questão de sair todo fim de semana, nem de viver cercado de amigos o tempo todo. Na verdade, o pai desse garoto sentiu-se muito solitário durante sua adolescência, pois tinha dificuldades para fazer amigos, por ser muito tímido. Esse fato o fez sofrer muito naquela época e agora ele agia com o filho trazendo seu passado para o momento

A afirmação da individualidade – Puberdade e adolescência

atual e temendo ver no filho a reprodução das mesmas angústias que fizeram parte de suas vivências da adolescência.

Quando os pais se conscientizam de como estão sendo atingidos pela adolescência dos próprios filhos, podem obter um importante conhecimento para que seus sentimentos de dor, angústia, inveja, rivalidade, entre outros, não interfiram excessivamente na relação com seus filhos e não sejam capazes de perturbar a adolescência deles.

Mas não são apenas sentimentos penosos e angustiantes que fazem parte das vivências dos pais de adolescentes. Eles também obtêm a oportunidade de compartilhar com seus filhos as experiências da juventude, de "viver" um pouco através deles as alegrias, os prazeres e as conquistas de uma fase que já se foi, mas que pode ser em parte recuperada por meio dos filhos. Estimulados por estes, os pais podem renovar suas energias da juventude, o ímpeto de liberdade e a disposição para viver experiências novas e desafiadoras que a vida não cessa de apresentar a todos nós.

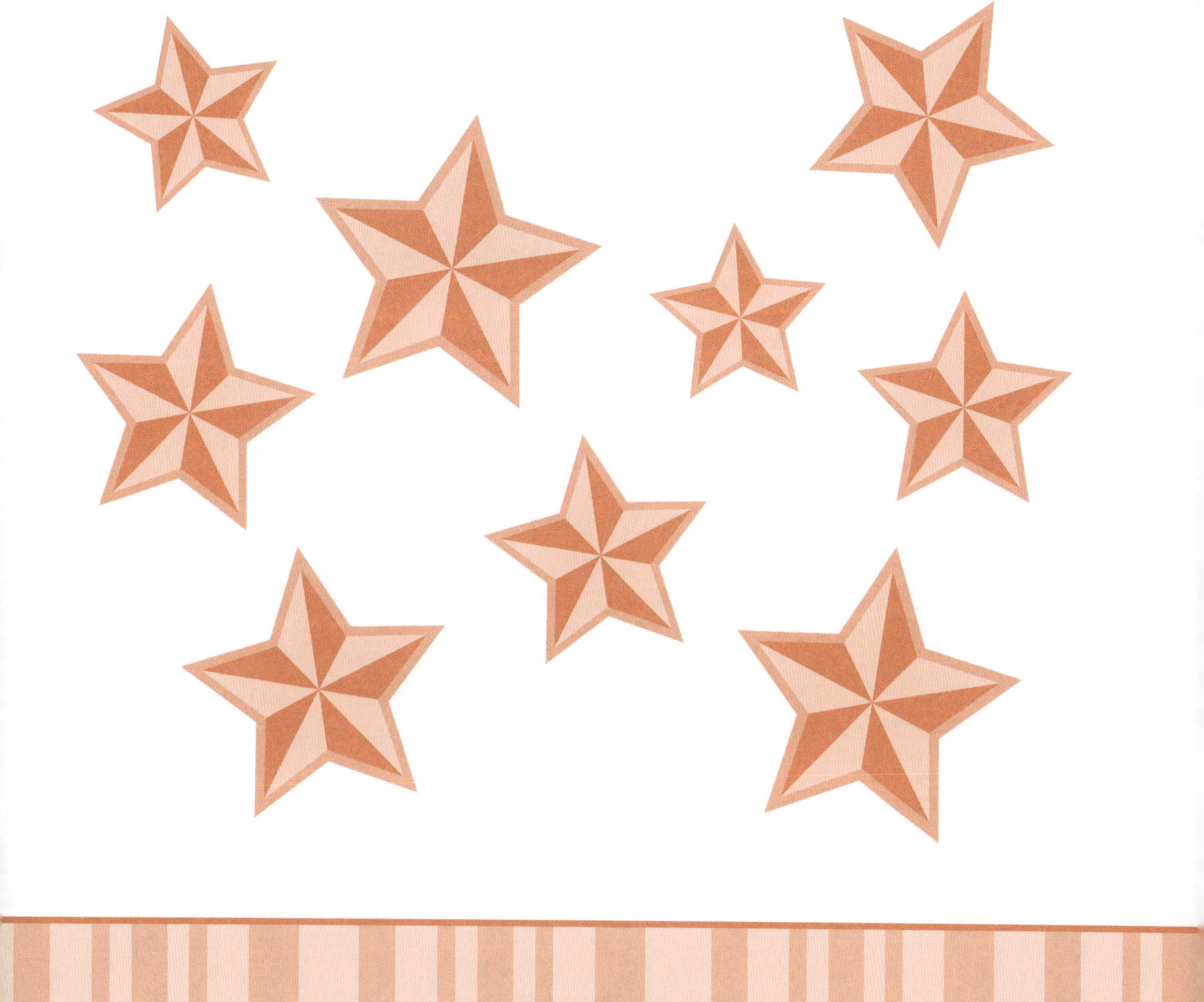

Impressão e acabamento
Gráfica e Editora Santuário
Em Sistema CTcP
Capa: Supremo 250 g – Miolo: Offset 75 g
Rua Padre Claro Monteiro, 342
Tel. (12) 3104-2000 / Fax (12) 3104-2036
12570-000 Aparecida-SP